Olga Swerlowa

Grammatik & Konversation 2

Arbeitsblätter für den Deutschunterricht

Ernst Klett Sprachen

Stuttgart

Umschlaggestaltung und Innenseitenlayout: Kommunikation + Design, München

Redaktion: Elisabeth Graf-Riemann

Illustrationen: Theo Scherling

1. Auflage 1 9 8 7 | 2021 20 19 18 17

Druck und Bindung: CEWE Stiftung & Co. KGaA, Germering

ISBN 978-3-12-606364-7

9 783126 063647

Grammatik & Konversation 2 bietet 90 kopierfähige Arbeitsblätter zu zentralen grammatischen Themen, die zur Konversation im Unterricht für Deutsch als Fremdsprache und Deutsch als Zweitsprache anregen und die Arbeit mit jedem kurstragenden Lehrwerk unterstützen. Die Arbeitsblätter festigen grammatische Strukturen und fördern das freie Sprechen und sind jederzeit ohne Vorbereitung einsetzbar. Zielgruppe sind Jugendliche und Erwachsene.

Grammatik & Konversation 2 orientiert sich an den Niveaustufen des „Gemeinsamen europäischen Referenzrahmens für Sprachen" bzw. an „Profile deutsch" und enthält Material für die Niveaustufen B1 und B2. Die Arbeitsblätter sind sowohl für die Arbeit in der Mittelstufe als auch mit fortgeschritteneren Lernenden der oberen Grundstufe geeignet. Sie sind nach grammatischen Themen geordnet und innerhalb eines Themas von B1 bis B2 gestaffelt (s. die Übersicht S. 6ff.). Die Angabe der Niveaustufe zeigt dabei, ab welcher Stufe ein Arbeitsblatt eingesetzt werden kann.

Die Themen und die Aufgabenstellungen in **Grammatik & Konversation 2** berücksichtigen eine breite Palette von unterschiedlichen Lernerinteressen aller Altersgruppen und garantieren eine abwechslungsreiche Unterrichtsgestaltung. Langjährige Unterrichtserfahrung hat gezeigt, dass die Lernenden leichter und effektiver lernen, wenn grammatische Strukturen in einen „interessanten" Kontext eingebettet sind. Die Strukturen sind in **Grammatik & Konversation 2** Mittel zum Zweck, eigene Erfahrungen und Interessen mitzuteilen, und werden mit der Konversation gefestigt.

Die Arbeitsblätter sind folgendermaßen aufgebaut:

In der *Kopfzeile* finden Sie die *Nummer des Arbeitsblatts* und das *grammatische Thema* (z. B. *Adjektiv: Deklination*), unterhalb der Kopflinie den (inhaltlichen) *Titel* und einen oder mehrere *Beispielsätze* mit der jeweiligen grammatischen Struktur.

Die Aufgaben sind immer in ***drei Schritte*** gegliedert.
Der ***1. Schritt*** besteht in einer stark gesteuerten Aufgabe, die sich gut für individuelle schriftliche Arbeit eignet. Hier geht es um die korrekte Verwendung und ggf. Einübung der Strukturen. Die Aufgabenstellung finden Sie in der *Randspalte*. Zu diesem Aufgabenteil gibt es im Anhang des Buches (S. 100 ff.) Lösungsvorschläge, wenn das sinnvoll erscheint.
Im ***2. Schritt*** bekommen die Lernenden eine schwächer gesteuerte Aufgabe mit *Redemitteln* zu den jeweiligen Strukturen und der Aufforderung, Fragen zu beantworten, Tipps zu geben oder Probleme kurz zu beschreiben. Die Redemittel nehmen die Strukturen wieder auf, die im ersten Schritt geübt wurden. Dieser Aufgabenteil kann sowohl *schriftlich* als auch *mündlich* gemacht werden – die Symbole am *Redemittelkasten* sind lediglich als Vorschläge zu verstehen.
(Bleistift  = Schreibaufgabe; Sprechblasen  = Konversation)

Mit dem ***3. Schritt*** (unten auf der Seite im gepunkteten Rahmen) bearbeiten die Lernenden eine weitgehend offene Aufgabenstellung, für die die oben gefestigten Strukturen wiederum nützlich sind. Sie diskutieren miteinander, interviewen Partner, halten Ergebnisse schriftlich fest oder inszenieren z. B. eine Talkshow. Die *Arbeitsformen* können sich in dieser Phase überschneiden, in der Randspalte ist jeweils die Arbeitsform angegeben, die den Schwerpunkt bildet:

 = Gruppenarbeit  = Plenumsarbeit  = Talkshow inszenieren

Alle Arbeitsblätter von **Grammatik & Konversation 2** sind im Unterricht mit Lernenden unterschiedlichster Herkunftssprachen erfolgreich erprobt worden.

Die Autorin und der Verlag wünschen Ihnen viel Spaß und Erfolg mit **Grammatik & Konversation 2.**

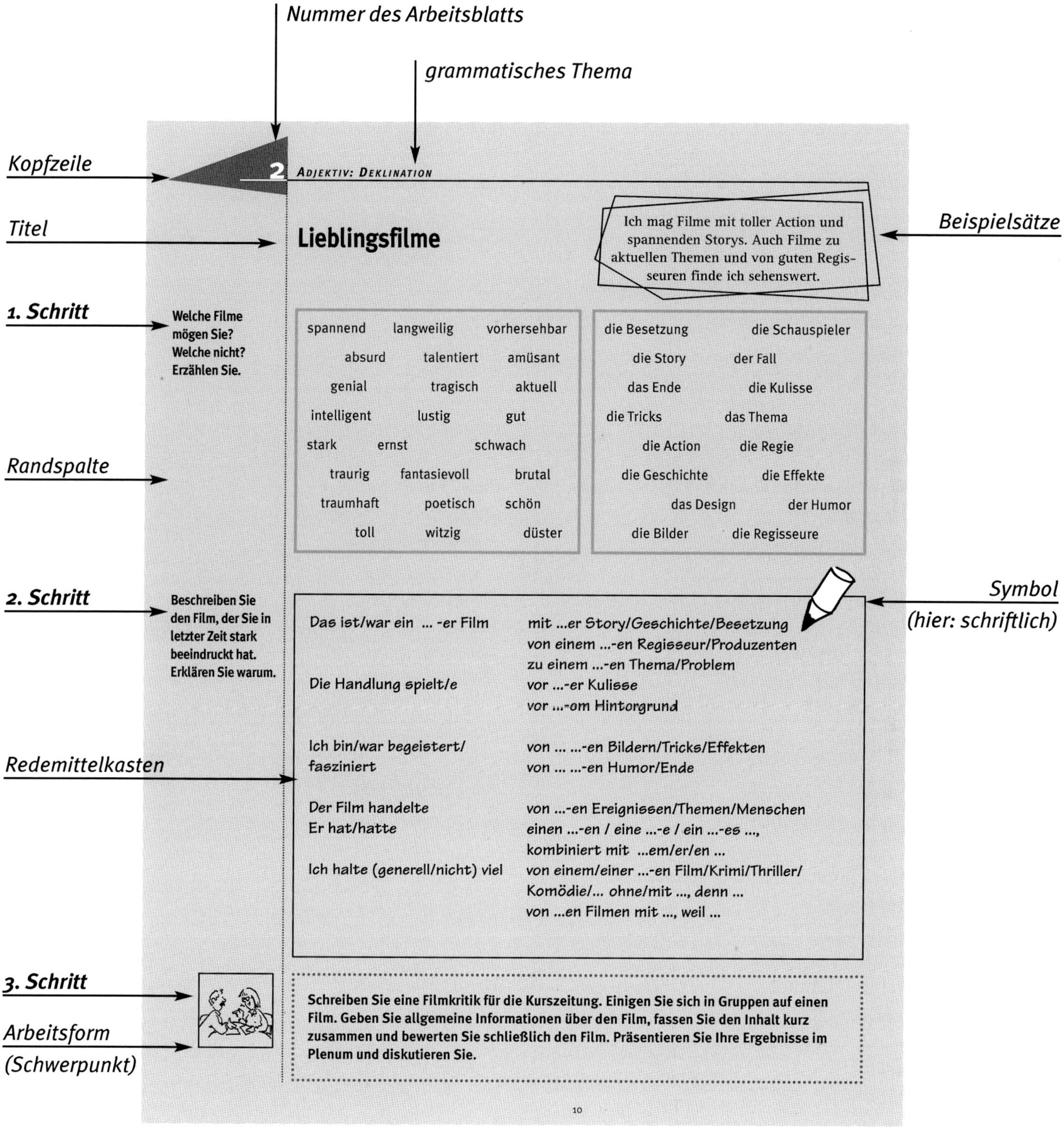

2 ADJEKTIV: DEKLINATION

Lieblingsfilme

Ich mag Filme mit toller Action und spannenden Storys. Auch Filme zu aktuellen Themen und von guten Regisseuren finde ich sehenswert.

Welche Filme mögen Sie? Welche nicht? Erzählen Sie.

spannend, langweilig, vorhersehbar, absurd, talentiert, amüsant, genial, tragisch, aktuell, intelligent, lustig, gut, stark, ernst, schwach, traurig, fantasievoll, brutal, traumhaft, poetisch, schön, toll, witzig, düster

die Besetzung, die Schauspieler, die Story, der Fall, das Ende, die Kulisse, die Tricks, das Thema, die Action, die Regie, die Geschichte, die Effekte, das Design, der Humor, die Bilder, die Regisseure

Beschreiben Sie den Film, der Sie in letzter Zeit stark beeindruckt hat. Erklären Sie warum.

Das ist/war ein ... -er Film	mit ...er Story/Geschichte/Besetzung von einem ...-en Regisseur/Produzenten zu einem ...-en Thema/Problem
Die Handlung spielt/e	vor ...-er Kulisse vor ...-om Hintergrund
Ich bin/war begeistert/fasziniert	von ... ...-en Bildern/Tricks/Effekten von ... ...-en Humor/Ende
Der Film handelte Er hat/hatte	von ...-en Ereignissen/Themen/Menschen einen ...-en / eine ...-e / ein ...-es ..., kombiniert mit ...em/er/en ...
Ich halte (generell/nicht) viel	von einem/einer ...-en Film/Krimi/Thriller/Komödie/... ohne/mit ..., denn ... von ...en Filmen mit ..., weil ...

Schreiben Sie eine Filmkritik für die Kurszeitung. Einigen Sie sich in Gruppen auf einen Film. Geben Sie allgemeine Informationen über den Film, fassen Sie den Inhalt kurz zusammen und bewerten Sie schließlich den Film. Präsentieren Sie Ihre Ergebnisse im Plenum und diskutieren Sie.

10

	Arbeitsblatt	grammatisches Thema	ab Stufe
38	Lernen – ein Problem?	*Konjunktiv II*	B1
39	Kriminalität bei Jugendlichen	*Konjunktiv II*	B1
40	Traumfrau sucht Traummann	*Konjunktiv II*	B1
41	Schule: Träume und Albträume	*Konjunktiv II*	B2
42	TV-Serien	*Konjunktiv II*	B2
43	Strafe für Tierquäler	*Konjunktiv II*	B2
44	Werbung: pro und contra	*Konjunktiv II*	B2
45	Powerfrauen	*Relativsätze*	B1
46	Demokratie geht uns alle an	*Relativsätze*	B2
47	Klassik heute	*Relativsätze*	B2
48	Bis gleich im Café!	*Relativsätze*	B2
49	Motivation = Erfolg	*Relativsätze*	B2
50	Raumforschung = Geldverschwendung?	*Relativsätze*	B2
51	Sich engagieren ist „in"	*Modalsätze*	B2
52	Misserfolge machen stark	*Modalsätze*	B2
53	Mehr Selbstbewusstsein	*Modalsätze*	B2
54	Dampf ablassen, aber richtig!	*Modalsätze*	B2
55	Computer: pro und contra	*Modalsätze*	B2
56	Schluss mit Horrorfilmen und Thrillern!	*Modalsätze*	B2
57	Gefahren aus dem Netz	*Modalsätze*	B2
58	Urlaubsgefühle im Alltag	*Modalsätze*	B2
59	Familie – damals und heute	*Adversativsätze*	B2
60	Inlineskating in der Stadt: ja oder nein?	*Adversativsätze*	B2
61	Jugendsprache: ja oder nein?	*Adversativsätze*	B2
62	Zoo: Zuflucht oder Knast?	*Adversativsätze*	B2
63	Mode statt Gesundheit	*Adversativsätze*	B2
64	Eltern-Kind-Konflikte	*Infinitivkonstruktionen*	B2
65	Beziehungskiste	*Infinitivkonstruktionen*	B2
66	Sterne, Karten, Kaffeesatz	*Infinitivkonstruktionen*	B2
67	Bye-bye Prüfungsangst!	*Infinitivkonstruktionen*	B2
68	Moderne Medizin – ein Mittel gegen alles!?	*Infinitivkonstruktionen*	B2
69	Die Geschichte meines Lebens	*Genitiv*	B2
70	Pro und contra Schuluniform	*Genitiv*	B2
71	Nacharbeit als Schulstrafe?	*Genitiv*	B2
72	Angst vor einem Ortswechsel?	*Präpositionen: kausal, konzessiv*	B2
73	Oper: „Schnee von gestern"?	*Präpositionen: kausal, konzessiv*	B2
74	Pelzmäntel: pro und contra	*Präpositionen: kausal, konzessiv*	B2

Ich träume von einem eigenen Haus mit einem großen Garten auf einer einsamen malerischen Insel.

Träumen – nicht verboten

Beschreiben Sie Ihre Träume.

eigen	Leben	gut	Garten	malerisch	Insel
lang	Auto	toll	Terrasse	traumhaft	Stadt
groß	Haus	schön	Licht	einsam	Meeresküste
schön	Job	hell	Glas	groß	Fluss
schick	Liebe	leicht	Holz	lebhaft	Berg
prachtvoll	Villa	echt	Chancen	idyllisch	Firma
zärtlich	Karriere	fantastisch	Einrichtung	renommiert	
sorgenfrei	Partner	lang	Aussicht		
romantisch		sonnig	Urlaub		
lukrativ		dick	Geschmack		
erfolgreich			Bankkonto		

Wie und wo möchten Sie leben? Welche Lebensform würde Ihnen weniger gut gefallen?

Am liebsten würde ich in / auf einem/einer ...-en mit einer/einem ...-en ...leben.
In/Auf/An einem/einer ...-en mit einem/einer ...-en zu leben, gefällt mir am besten.
Oft träume ich von ...em/er/en ....
Als Kind habe ich von einem/einer ...-en ... mit/auf/am ...-en ... geträumt.
Am allerwenigsten würde mir das Leben in/an/auf einem/einer ...-en ... gefallen.

Machen Sie in Gruppen eine Umfrage zum Thema „Träume“. Stellen Sie die wichtigsten Informationen als Statistik oder Collage zusammen. Präsentieren Sie Ihre Ergebnisse im Plenum.

Lieblingsfilme

> Ich mag Filme mit toller Action und spannenden Storys. Auch Filme zu aktuellen Themen und von guten Regisseuren finde ich sehenswert.

Welche Filme mögen Sie? Welche nicht? Erzählen Sie.

spannend langweilig vorhersehbar
absurd talentiert amüsant
genial tragisch aktuell
intelligent lustig gut
stark ernst schwach
traurig fantasievoll brutal
traumhaft poetisch schön
toll witzig düster

die Besetzung die Schauspieler
die Story der Fall
das Ende die Kulisse
die Tricks das Thema
die Action die Regie
die Geschichte die Effekte
das Design der Humor
die Bilder die Regisseure

Beschreiben Sie den Film, der Sie in letzter Zeit stark beeindruckt hat. Erklären Sie warum.

Das ist/war ein ... -er Film	mit ...er Story/Geschichte/Besetzung von einem ...-en Regisseur/Produzenten zu einem ...-en Thema/Problem
Die Handlung spielt/e	vor ...-er Kulisse vor ...-em Hintergrund
Ich bin/war begeistert/ fasziniert	von ... ...-en Bildern/Tricks/Effekten von ... ...-en Humor/Ende
Der Film handelte	von ...-en Ereignissen/Themen/Menschen
Er hat/hatte	einen ...-en / eine ...-e / ein ...-es ..., kombiniert mit ...em/er/en ...
Ich halte (generell/nicht) viel	von einem/einer ...-en Film/Krimi/Thriller/ Komödie/... ohne/mit ..., denn ... von ...en Filmen mit ..., weil ...

Schreiben Sie eine Filmkritik für die Kurszeitung. Einigen Sie sich in Gruppen auf einen Film. Geben Sie allgemeine Informationen über den Film, fassen Sie den Inhalt kurz zusammen und bewerten Sie schließlich den Film. Präsentieren Sie Ihre Ergebnisse im Plenum und diskutieren Sie.

> Ich halte nicht viel von arroganten Chefs. Ich wünsche mir witzige Arbeitskollegen mit guten Manieren.

Angst vor dem Chef?

Erich Maria Remarque hat einmal gesagt: „Den Charakter eines Menschen erkennt man erst dann, wenn man ihn als Vorgesetzten hat."

arrogant	Chefs	groß	Toleranz
zuverlässig	Vorgesetzte	gut	Anpassungsfähigkeit
freundlich	Sekretärinnen	engelhaft	Geduld
taktlos	Arbeitskollegen	ausgeprägt	Selbstbewusstsein
intelligent	Arbeitskolleginnen	ruhig	Temperament
ehrgeizig		aufbrausend	Kompromissbereitschaft
autoritär		überragend	Intelligenz
aggressiv		mangelnd	Manieren
gut aussehend		cholerisch	Verantwortungsgefühl
gebildet		melancholisch	Kreativität
egozentrisch		stark	Menschenkenntnis
witzig		schwach	Sinn für Humor
faul		schlecht	Wille

Welche Eigenschaften an Ihren Kollegen/Kolleginnen mögen Sie? Welche stoßen Sie ab? Beschreiben Sie.

Ich schätze/respektiere ...-e Arbeitskollegen/Arbeitskolleginnen/
Menschen/Freunde mit ...-em/-em ...
Mir gefallen/imponieren ...-e Menschen mit ...-em/-er ...
... Menschen mit ...-em/-er sind meistens gute/richtige/schlechte
Freunde/Freundinnen/Arbeitskollegen/Arbeitskolleginnen.
Ich lege viel Wert auf -en/-es/-e ...
Ich mag keine ...e Menschen mit ...-em/ -er ..., denn sie sind oft schlechte
Freunde/Freundinnen/Arbeitskollegen/Arbeitskolleginnen.

Auf welche Eigenschaften legen Sie bei Freunden / im Berufsleben besonders viel Wert?

Machen Sie in Gruppen eine Umfrage zum Thema „Eigenschaften, die ein guter Chef auf keinen Fall haben darf". Stellen Sie Ihre Ideen und Meinungen in Form eines ironischen „Porträts" zusammen. Präsentieren Sie Ihre Porträts im Plenum.

Ich bin ein echter Comic-Fan.

Mögen Sie Comics?

Ergänzen Sie die Adjektivendungen.

Stephan, 24: Ich bin ein echt___ Comic-Fan. Ich liebe diese bunt___ Hefte. Angefangen habe ich als Kind mit der kultig___ Comicserie „Spiderman“. Natürlich lese ich auch modern___ Romane oder mal eine interessant___ Biografie. Aber wenn ich Stress habe, kaufe ich mir einen neu___ Comic, denn Comics lesen ist für mich Entspannung.

Sabine, 43: Als meine Tochter klein war, da haben wir ihr vor dem Einschlafen etwas vorgelesen: ein witzig___ humorvoll___ Kinderbuch oder ein geheimnisvoll___ Märchen von schön___ Feen und Prinzessinnen und dem bös___ Zauberer. Heute ist sie 13 und bevorzugt japanisch___ Comics. Das Blöd___ an diesen Comics ist, dass sie von hinten nach vorn und von rechts nach links gelesen werden. Heutig___ Kinder finden das cool.

Viktor, 38: Ich lese für mein Leben gern. Es kann ein spannend___ Krimi mit explosiv___ Stoff und geheimnisvoll___ Figuren sein, eine bewegend___ Liebesgeschichte oder auch ein toll___ Kochbuch. Von Comics halte ich nicht viel. Wenn sie verfilmt werden, in schön___ Kulisse von weltbekannt___ Regisseuren, dann ist es etwas für klein___ und groß___ Comic-Fans. Schließlich geht es um den ewig___ Kampf des Gut___ gegen das Bös___.

Erika, 51: Ich bin Lehrerin an einer Grundschule und bin überzeugt davon, dass Comics groß___ Schaden anrichten. Die modern___ Comicfiguren sind riesig___ Monster, zu Aliens mutiert___ Menschen. Bilder von realer Gewalt provozieren bei jung___ Lesern heftig___ Emotionen, sie lösen groß___ Angst aus. Folgen können schwer___ Schlafstörungen oder psychisch___ Probleme sein.

Notieren Sie Argumente für/gegen Comics und Ihre Empfehlungen im Umgang mit ihnen.

Einerseits sind Comics ..., aber andererseits bieten sie ...
... Spaß (nicht) nur für junge Leser.
tolle/irre/geniale/primitive/langweilige/schwache... Bilder/Zeichnungen/Geschichten/ ... mit toller Action / vorhersehbarem/schlappem/langweiligem/unerwartetem Ende.
Ich würde empfehlen/vorschlagen, dass ...
Ich hielte es für das Beste, wenn ... / Am besten wäre es, wenn ...

Machen Sie in Gruppen eine Umfrage zum Thema „Comics lesen: ja oder nein?“. Stellen Sie die wichtigsten Informationen als Statistik oder Collage zusammen. Präsentieren Sie Ihre Ergebnisse im Plenum.

Auch ein kleiner Spaziergang hilft gegen das herbstliche Stimmungstief.

Tipps gegen den Novemberblues

Die Tage werden kürzer und die Abende länger. Je dunkler die Tage, desto trüber ist bei vielen Menschen die Stimmung. Das Phänomen lässt sich einfach erklären: Wenn Licht fehlt, geht unsere Stimmung in den Keller. Die Jahreszeiten und das Wetter lassen sich zwar nicht ändern, aber jeder hat so seine eigenen Methoden.

Ergänzen Sie die Adjektivendungen.

● Wenn es das ungemütlich_en_ Wetter zulässt, raus in die frei_e_ Natur und die frisch_e_ Luft einatmen. Das fördert die Abwehrkräfte und kurbelt das Immunsystem an!

○ Selbst ganz einfach_e_ Dinge helfen – wie das Genießen der klein_en_ Freuden des alltäglich_en_ Lebens oder ein regelmäßig_es_ und bewusst_es_ fünfminütig_es_ „Abschalten".

■ Auch ein klein_er_ Spaziergang hilft gegen das herbstlich_e_ Stimmungstief, selbst wenn der Himmel bedeckt ist.

□ Trüb_e_ Novembertage? Langeweile vor dem Fernsehapparat? Nichts wie heraus aus dem kuschelig_en_ Sessel – hinein ins prall_e_ Leben der Stadt!

▲ Ein gemütlich_e_ Kinoabend. Reinkuscheln in die weich_en_ Plüschsessel, süß_es_ Popcorn knabbern und rührselig_e_ Filme gucken oder mitfiebern bei Actionszenen – das kann sooo gut tun!

△ Fein___ Bergamotte- oder Jasminöl in der Aromalampe hilft bei trüb___ Stimmung und lässt traurig___ Gedanken schnell „verduften".

● Ein heiß___ Bad mit entspannend___ Musik oder eine romantisch___ Kutschenfahrt mit anschließend___ Candle-Light-Dinner.

○ Bunt___ Kleidung in lebendig___ Farben, zum Beispiel stimmungsaufhellend___ Gelb und kreativ___ Orangetöne, beruhigend___ Grün und grell___ Rot inspirieren und garantieren gut___ Laune.

■ Gemeinsam___ Kuscheln bei romantisch___ Kerzenschein und morgens heiß___ Kakao zum Frühstück.

Ein idealer Samstagabend im November – wie stellen Sie ihn sich vor?

Ein idealer Samstagabend ist für mich	ein ...-er / der ...-e ...
Dazu gehört/gehören für mich auch	ein ...-es / das ...-e ...
Wenn ich an einen Samstagabend im November	eine ...-e / die ...-e ...
denke, denke ich an / sehe/höre/rieche ich	...-e / die ...-en ...
Ein/Eine ...er/...-es/...-e mit ...-er/-em/-en ... wäre auch nicht schlecht.	

Fertigen Sie in Gruppen Collagen zum Thema „Fitmacher und Stimmungsheber" an. Stellen Sie Ihre Collagen im Plenum vor.

Der Natur auf der Spur

Auf dem ersten Bild sehe ich im Frühsommer blühende Wiesen. Der zu einem Roggenfeld führende Waldweg ist steil und eng ...

Viele Menschen sagen, die Natur habe ganz anders ausgesehen als sie Kinder waren. Die Landschaften waren intakt, lebendig, heute sind sie oft durch Industrie, Verkehr und Zersiedelung zerstört, sie sehen grau und farblos aus.

Stellen Sie sich zwei Landschaften vor und beschreiben Sie die Bilder.

Wiesen, die im Frühsommer blühen
der Waldweg, der zu einem Roggenfeld führt
ein kühler Morgenwind, der sanft das Gras wiegt
die ersten Sonnenstrahlen, die in Tautropfen glitzern
Hügel, die von Blumen übersät sind
Kühe, die gemütlich am Hang grasen
Vögel, die in den Bäumen zwitschern
Weiden, die am Fluss stehen
Schmetterlinge, die übers Wasser tanzen
Steine, die mit Moos bewachsen sind

eine Landschaft, die durch Autobahnen und Kanäle zerstört wurde
Bäche und Flüsse, die durch Chemikalien verschmutzt sind
Bäume, die gefällt wurden
die Luftverschmutzung, die von Jahr zu Jahr schlimmer wird
leere Bierdosen, die ins Gebüsch geworfen wurden
Wasser, das mit Öl und Benzin verseucht ist
leere Zigarettenschachteln, die achtlos liegen gelassen wurden
der Verkehr, der Tag für Tag über die Straßen rollt

Welche ökologischen Probleme werden das Leben künftiger Generationen belasten?

Die verschmutzten/verseuchten/vergifteten ... sind eine Gefahr für ...
Der/Das/Die zerstörte/zugebaute/zubetonierte/ ... kann dazu führen, dass ....
Ein großes Problem ist ein/e von Jahr zu Jahr steigende(r/s)/ zunehmende(r/s)/ wachsende(r/s) ...
Es gibt heutzutage immer weniger blühende / frei wachsende / nicht zerstörte ...

Ging es der Umwelt früher besser? Vergleichen Sie. Notieren Sie Stichpunkte, halten Sie einen kurzen Vortrag im Plenum und beantworten Sie Fragen.

Es gibt sehr wohl Eigeninitiative zeigende Touristen.

„Tourist" – immer noch ein Schimpfwort?

Heutzutage reisen viele Menschen. Aber nur wenige wollen, dass man sie als „Tourist" bezeichnet. Es heißt, Touristen verschmutzen die Umgebung, sind passiv und wollen von vorn und hinten bedient werden. Doch das stimmt nicht immer.

Ergänzen Sie die Sätze.

Es gibt sehr wohl ...
Sie halten sich fern von ...
Sie verzichten auf ...

Touristen, die Eigeninitiative zeigen
Urlauber, die Kontakt mit Einheimischen suchen
Menschen, die sich nicht nur in Gruppen bewegen
Reisende, die nicht den ganzen Tag am Pool sitzen
ein Programm, das vom Reiseunternehmen festgelegt wird
Erlebnisse, die künstlich arrangiert werden
Tanzabende, die von Animateuren des Hotels organisiert werden
Ausflüge, die kollektiv durchgeführt werden
Strände, die überfüllt sind
Gebiete, die viel bereist werden
Sehenswürdigkeiten, die in jedem Reiseprospekt stehen
große Hotels, die oft überbucht sind

Viele Landschaften wurden in den letzten Jahrzehnten vom Massentourismus fast zerstört. Gibt es „umweltfreundlichen" Tourismus?

Man spricht heutzutage von dem steigenden/zunehmenden/sinkenden/... Interesse der Menschen für ...
Ein großes Problem ist der/die von Jahr zu Jahr steigende/zunehmende/wachsende Trend/Tendenz zu ...
Es gibt heutzutage immer weniger/mehr an Sport / an der Natur interessierte Menschen. Sie ...

Sie sind Gastgeber einer Talkshow zum Thema „Richtig reisen". Einigen Sie sich in der Gruppe auf drei Gäste. Welche Probleme möchten Sie mit Ihren Gästen besprechen? Schreiben Sie eine Liste mit thematischen Schwerpunkten für Ihre Talkshow. Inszenieren Sie die Talkshows im Plenum.

Beruf: Traum und Wirklichkeit

Man macht sich Gedanken über mit der Ausübung des Wunschberufes zusammenhängende Chancen und Risiken.

Als Kind träumt man davon Astronaut oder Balletttänzerin zu werden. Mit dem Älterwerden sind realistische Inhalte wichtiger, die Wünsche werden mit den eigenen Interessen und Fähigkeiten abgeglichen. Und schon löst sich mancher Traum wie Nebelschwaden auf.

Ersetzen Sie die Relativsätze durch Partizipialkonstruktionen.

Noch vor Beginn einer Berufslaufbahn macht man sich Gedanken über
- Chancen und Risiken, die mit der Ausübung des Wunschberufes zusammenhängen
- Veränderungen, die sich in der Gesellschaft vollziehen
- die Berufschancen, die in einigen Branchen immer schlechter werden
- eigene Interessen und Stärken, die man bereits herausgefunden hat

Von Vorteil für einen erfolgreichen Berufsstart wäre/wären
- Fremdsprachenkenntnisse, die man in der Schule erworben hat
- eine Ausbildung, die breit angelegt ist
- Erfahrungen, die in unterschiedlichen Bereichen gesammelt wurden
- das Praktikum, das auf den Beruf vorbereitet

Am besten entscheidet man sich für
- eine Tätigkeit, die den eigenen Stärken und Interessen entspricht
- die Arbeit, die zum individuellen Persönlichkeitsprofil passt
- einen Beruf, der in der Gesellschaft benötigt wird

Was sind die wichtigsten Kriterien für die Berufswahl / den Berufswechsel?

Ich bin eher ein gründlich vorgehender / alles organisierender / zurückhaltender / engagierter ... Typ, deswegen lege ich viel Wert auf ...
Am wichtigsten / Wichtig / Ganz unwichtig finde ich einen abgesicherten Arbeitsplatz / einen angemessenen Verdienst / einen motivierenden Chef / entgegenkommende Kollegen ...
Viel/Wenig Spaß macht/machen mir ein ständig meckernder / fordernder ... Chef, eine festgelegte/durchorganisierte/... Arbeit / motivierte ... Kollegen.
Hauptsache, es gibt ... Alles andere ist nicht so wichtig.

Sammeln Sie in Gruppen Eigenschaften und Qualitäten, die Ihrer Meinung nach auf dem Arbeitsmarkt von morgen besonders geschätzt werden. Stellen Sie die wichtigsten Informationen als Statistik / Tabelle zusammen. Präsentieren Sie die Ergebnisse an der Tafel / als Poster.

Die knapp werdenden fossilen Brennstoffe zwingen die Menschen irgendwann, auf andere Planeten auszuweichen. Auch die ständig schrumpfende Ozonschicht stellt eine große Gefahr dar.

Erde in Gefahr

Verbrauch von Ressourcen, Überbevölkerung, Platzmangel ... Werden wir irgendwann dazu gezwungen sein, die Erde zu verlassen und den Weltraum zu kolonisieren?

Beschreiben Sie in einem Statement die Gefahren für die Erde und nehmen Sie Stellung.

- fossile Brennstoffe, die knapp werden
- die Ozonschicht, die ständig schrumpft
- die UV-Strahlung, die immer stärker wird
- die Überbevölkerung, die ständig zunimmt
- die Gletscher, die weiter schmelzen
- das Klima, das sich erwärmt
- der Meeresspiegel, der steigt
- die Meereserwärmung, die durch den Treibhauseffekt bedingt ist
- Küstengebiete, die immer öfter überflutet werden
- Spraydosentreibgas oder Pestizide, die in der Landwirtschaft verwendet werden
- der Untergang der Menschheit, der immer realer wird
- viele Tier- und Pflanzenarten, die aussterben oder schon ausgerottet wurden

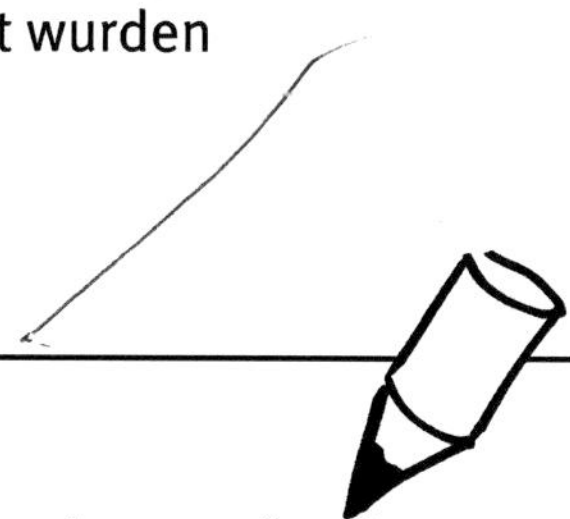

Welche Gefahren drohen der Erde? Zählen Sie sie auf und fassen Sie Ihren Standpunkt zusammen.

Die Erde/Unser Planet ist / befindet sich in großer Gefahr.
Erstens spricht man heute über immer knapper werdende / schrumpfende ...
Zweitens setzt ein(e) steigende(r/s)/wachsende(r/s) ... der Erde zu.
Drittens richtet/n ... große Schäden an. Das hat zur Folge, dass ...
Die verschmutzten/zerstörten/verseuchten ... sind der Grund dafür, dass ....
Dazu kommt noch die Tatsache, dass ...
Ein weiterer wichtiger Punkt ist/wäre ...
Zusammenfassend lässt sich sagen: ...
Zum Schluss noch eine Bemerkung: ...

Entwerfen Sie in Partner- oder Gruppenarbeit das Szenario für einen Sciencefiction-Film, der von einer Umweltkatastrophe in ferner Zukunft handelt. Sammeln Sie Ideen, schreiben Sie einen Stichpunktzettel. Präsentieren Sie Ihr Szenario im Plenum.

Amerikanische Filme – ein Exportschlager

Amerikanische Filme haben sorgfältig herausgearbeitete Charaktere. Amerikanische Filme haben Charaktere, die sorgfältig herausgearbeitet sind.

Markieren Sie die Partizipialkonstruktionen. Ersetzen Sie sie durch Relativsätze und umgekehrt.

Deutsche – und Europäer generell – schauen sich lieber einen amerikanischen Film an. Einheimische Produktionen haben es dagegen schwer. Warum amerikanische Filme sich weltweit so gut verkaufen, hängt mit einer Vielzahl von Faktoren zusammen.

- die sorgfältig herausgearbeiteten Charaktere
- die bis zum Schluss für Hochspannung sorgenden Storys
- irre Tricks und am Computer entworfene Animationen
- das Publikum amüsierende und neugierig machende Geschichten
- beeindruckende Special Effects
- universell wirkende Storys
- den Kampf zwischen Gut und Böse inszenierende Geschichten
- ein nie aus der Mode kommendes Happyend
- den Zuschauer schockierende Beziehungsdramen
- die lange Zeit als brutal abgestempelten Horrorfilme
- hohen Gewinn bringende explosive Stoffe
- die bis zum Schluss fesselnde Spannung
- das Publikum anlockende und gut inszenierte Filme
- überwältigende Bilder

Beschreiben Sie, was typisch für die Filme aus Ihrem Heimatland ist.

Die besten ... Filme sind spannende/fesselnde/amüsierende/unterhaltende/bewegende/ ... Krimis/Komödien/Dramen/...
Es geht meistens um bewegende/beeindruckende/spannende/ ... Momente/Ereignisse/...
Es sind gut erzählte/inszenierte/gemachte Geschichten über ...
Im Mittelpunkte stehen/steht meistens ...

Sie sollen ein Interview mit einem bekannten Filmproduzenten / einer bekannten Filmproduzentin machen. Was können Sie ihn/sie fragen? Schreiben Sie eine Liste mit Fragen bzw. Problemsituationen für das Interview und präsentieren Sie Ihre Ideen im Plenum.

Gebackene Kartoffeln mit fein gewürztem Huhn und hausgemachtem Kartoffelsalat.

Liebe geht durch den Magen

Das Sprichwort „Liebe geht durch den Magen“ hat sich schon mehrfach bewahrheitet. Mit einem romantischen Candle-Light-Dinner kann man den Partner verwöhnen. Oder Ihre beste Freundin hat Geburtstag, Ihr bester Freund hat eine Prüfung bestanden – einen Anlass dafür, ein tolles Menü zu kochen, gibt es immer.

pürieren	Kartoffeln	kochen	Huhn
frisch pressen	Mozzarella	schälen	Gemüse
braten	Salat	schmelzen	Kartoffelsalat
kochen	Kaffee	schneiden	Orangenschale
frisch mahlen	Hühnerfleisch	reiben	Zimt
grillen	Krabben	selbst backen	Zwiebeln
panieren	Ente	mahlen	Ei
kochen	Orangensaft	(zu Hause) machen	Butter
mischen	Mandelplätzchen	fein würzen	Schinken
selbst backen	Tintenfisch	kochen	Sauce
selbst machen	Apfelkuchen	cremig rühren	Dessert

Welche Gerichte würden Sie gern kochen bzw. probieren?

Als Vorspeise/Hauptgericht/Dessert könnten wir ... -en/...-e/ ...es mit ...-em/ ...-er ... machen/kochen/zubereiten.
Ein ...-er/Eine ...-e/Ein ...-es/ ...-e wäre/n vielleicht auch nicht schlecht / schmeckt/en auch sehr gut.

Stellen Sie für eine Party mit Ihren Freunden ein kreatives 3-Gänge-Menü zusammen.

Sie wollen ein Bistro eröffnen, in dem internationale Küche angeboten wird. Die Voraussetzungen sind eine schnelle Bedienung und kulinarische Vielfalt. Überlegen Sie in Gruppen, welche Speisen und Getränke Sie auf die Karte setzen werden. Schreiben Sie die Speisekarte und präsentieren Sie sie im Plenum.

Kleider machen Leute

In der Arbeit trage ich meistens ein elegant aussehendes Kostüm und eine passende Bluse dazu.

Kleidung bestimmt auch Ihr persönliches Auftreten und Ihre Wirkung auf Ihr Gegenüber. Ob Sie ernst genommen und als seriös eingestuft werden oder freakig und kreativ wirken, hängt nicht nur von Ihrem Aussehen oder Verhalten, sondern auch von Ihrer Kleidung ab!

Beschreiben Sie, was Sie in der Arbeit / zu Hause / beim Sport / in der Freizeit / auf einer Party / auf einem Betriebsfest tragen.

der Rock	ist eingelaufen	die Kette	wird gern getragen
die Hose	ist hoch geschlitzt	das Top	leuchtet
das Kleid	ist weit ausgeschnitten	die Farbe	glitzert
die Bluse	ist hoch geschlossen	der Stoff	glänzt
die Jeans	betont die Figur	der Gürtel	ist aus Leder gemacht
der Anzug	liegt eng an	die Accessoires	steht hoch
das Hemd	sieht elegant aus	der Kragen	passt
das Kostüm	wirkt lässig	das T-Shirt	sitzt knapp
der Pullover	ist verwaschen	die Bluse	wirkt klassisch
die Strickjacke	ist bequem geschnitten	die Tasche	ist fein gearbeitet

Beschreiben Sie Ihren Kleidungsstil oder den Stil einer/ eines Bekannten. Was möchten Sie ändern?

Ich habe/mag/finde ... Er/Sie hat/mag/findet ...
Ich trage oft/gern/meistens ... und ... dazu.
Er/Sie trägt in der Regel ... mit ...
Ich bin eigentlich ganz zufrieden mit meinem Stil, nur ...
Ich/Er/Sie würde meinen Kleidungsstil gern ändern, denn ...
Meine Freunde meinen, ich/er/sie sollte öfter / lieber mal ... tragen.
Vielleicht könnte ich/er/sie manchmal ... anziehen.

In jeder Firma, in jedem Betrieb gibt es bestimmte – wenn auch ungeschriebene – Kleidervorschriften. Erstellen Sie in Gruppen Tipps für drei bis vier unterschiedliche Jobs (z.B. Anwaltskanzlei, Architekturbüro, Musiklabel, Kfz-Werkstatt). Präsentieren Sie Ihre Tipps im Plenum.

Man sollte sich vorher fragen, ob die beschenkte Person sich ein Tier wünscht.

Ein Tier als Weihnachtsgeschenk

Einige Zeit nach Weihnachten steigt in den Tierheimen regelmäßig die Zahl der abgegebenen Tiere. Tierschützer stimmen deshalb der Idee, ein Tier zu Weihnachten zu schenken, nur bedingt zu. Bevor man sich für einen Hund oder einen Hamster als Geschenk entscheidet, sollte man sich über einige Fragen klar werden.

Formulieren Sie indirekte Fragesätze.

Wünscht sich die beschenkte Person ein Tier?
Welches Tier passt am besten zu dem/der Beschenkten?
Ist die ganze Familie mit einem neuen Hausgenossen einverstanden?
Ist die Wohnung zur artgerechten Tierhaltung geeignet?
Wer sorgt für das Tier während der Urlaubszeit?
Ist der Vermieter einverstanden?
Wird das gelegentliche Bellen nicht stören?
Hat man Zeit mit dem Hund täglich spazieren zu gehen?
Wie hoch sind die Futterkosten?
Können Hundesteuer und Haftpflichtversicherung bezahlt werden?
Verfügt man über ausreichende Kenntnisse zur tiergerechten Haltung?
Ist der/die Beschenkte mit der Verantwortung und Pflicht nicht überfordert?

Man sollte sich vorher fragen, ...
Man sollte sich auf jeden Fall überlegen, ...
Die Frage, ..., muss geklärt werden.

Was sollten sich die Erwachsenen fragen, bevor sie ein Tier schenken?

Die Eltern sollten sich fragen, wer/wie/wann/ob ...
Man sollte sich (auf jeden Fall) überlegen, welches Tier ...
Man sollte wirklich wissen, wann/womit ...
Wichtig/Entscheidend ist auch die Antwort auf die Frage, wo ...
Leider/Manchmal/Oft wissen die Eltern nicht, mit wem ...

An einer Podiumsdiskussion zum Thema „Zusammenleben von Mensch und Tier" nimmt ein renommierter Umweltschützer und Wissenschaftler teil. Was möchten Sie über die Perspektiven des Tierschutzes und die Bedeutung der Tiere für unsere Gesellschaft erfahren? Schreiben Sie in Gruppen eine Liste mit Fragen und diskutieren Sie im Plenum.

Ferien im Weltall

Die Experten versuchen zu berechnen, was Flüge ins All kosten werden.

Obwohl noch manches in den Sternen steht, rückt der Weltraumtourismus in greifbare Ferne. Werden wir in ein paar Jahren im Reisebüro einen Trip ins All buchen können wie heute auf die Kanaren? Bevor es soweit ist, sollte man einige wichtige Fragen klären.

Verbinden Sie zu einem indirekten Fragesatz.

Was werden Flüge ins All kosten? Die Experten versuchen es zu berechnen.

Wie lange wird so ein Flug in der Regel dauern? Viele Reiseunternehmer interessiert die Frage.

Wie können die Gäste ins All transportiert werden? Diese Frage stellt sich.

Wie sollen die Gäste auf die Schwerelosigkeit vorbereitet werden? Die Mediziner wollen es wissen.

Wie hoch wird das Risiko sein? Es ist noch nicht geklärt.

Wo werden die Touristen untergebracht? Viele interessieren sich dafür.

Wie soll ein Weltraumhotel aussehen? Die Fachleute wissen es noch nicht.

Werden alle Interessenten ins All fliegen können? Die Frage wird immer lauter.

Welche Versicherung muss abgeschlossen werden? Die Experten denken darüber nach.

Mit welchem Treibstoff soll die Rakete fliegen? Die Wissenschaftler haben noch keine Klarheit darüber.

Welche Auswirkungen kann der Weltraumtourismus auf die Atmosphäre haben? Es ist noch unbekannt.

Mit wie vielen Weltraumtouristen pro Jahr kann man rechnen? Die Banken wollen es wissen.

Was sollten sich die Urlauber fragen, bevor sie so eine Reise antreten?

Die Menschen sollten sich fragen, was/wie/wann/ob ...
Auch die Frage, womit/wofür/was/..., muss beantwortet/geklärt werden.
Man sollte sich (auf jeden Fall) überlegen, welches Tier ...
Man sollte wirklich wissen, wann/womit ...
Wichtig/Entscheidend ist auch die Antwort auf die Frage, wo...
Leider/Manchmal/Oft wissen die Menschen nicht, mit wem ...

Sie sind Mitarbeiter/Mitarbeiterinnen eines Reisebüros, das seinen Kunden eine außergewöhnliche Reise anbieten will. Einigen Sie sich in Gruppen auf ein Ziel. Wie wird die Reise wohl aussehen? Notieren Sie Fragen und beantworten Sie sie in einem Kurzvortrag. Stellen Sie Ihre Reisen im Plenum vor.

Psychologen versuchen die Frage zu beantworten, wie Stress sich auf die Gesundheit auswirkt.

Guter und schlechter Stress

Stress hat zunächst etwas Positives. Er mobilisiert die Leistungsfähigkeit und stärkt sogar das Immunsystem. Erst wenn die Belastungen über die eigene Leistungsfähigkeit hinausgehen, wirkt sich der Stress negativ aus. Um Stress zu bekämpfen, sollte man unter Beteiligung aller Mitarbeiter/innen die Belastungen in der Arbeit ermitteln und sich folgende Fragen stellen:

Bilden Sie indirekte Fragesätze.

Was genau verursacht Stress im Job? Das Rätsel ist noch nicht ganz aufgeklärt.
Wie wirkt er sich auf die Gesundheit aus? Die Frage versuchen die Psychologen zu beantworten.
Wie lässt sich Stress im Job wirkungsvoll bekämpfen? Von der Antwort auf die Frage hängt der Erfolg jedes Unternehmens ab.
Sind die Aufgaben für alle Mitarbeiter/innen klar festgelegt? Die Frage muss unbedingt geklärt werden.
Worauf sind lange Arbeitszeiten, häufige Unterbrechungen und Termindruck zurückzuführen? Auch die Antworten auf diese Fragen sind strategisch wichtig.
Gibt es Möglichkeiten für Mitarbeiter/innen, Kritik zu üben? Das ist entscheidend.
Nimmt man diese Kritik ernst? Setzt man die Verbesserungsvorschläge um? Das muss besprochen werden.
Ist den Mitarbeitern/Mitarbeiterinnen bekannt, an wen sie sich bei Problemen wenden können? Die Frage sollte man sich auf jeden Fall stellen.

Wie wirkt sich Stress auf Körper und Psyche aus?

Man sollte sich fragen, wer/wie/wann/ob ...
Man sollte sich (auf jeden Fall) überlegen, warum ...
Man sollte wirklich wissen, wann/womit ...
Leider/Manchmal/Oft weiß ich nicht, ob ...
Wichtig/Entscheidend ist auch die Antwort auf die Frage, wo ...

Vielen Menschen fällt es schwer, Aufgaben zu delegieren. Sie glauben alles schneller und besser machen zu können als andere. Wenn sie sich übernehmen, leiden sie an Selbstmitleid und Depressionen. Wie kann bzw. soll man Stresssituationen bewältigen und gestärkt daraus hervorgehen? Schreiben Sie in Gruppen eine Liste mit Fragen für die Diskussion und diskutieren Sie im Plenum.

Private Bildungsindustrie

Solange die Lehrpläne an staatlichen Schulen veraltet sind, haben Privatschulen viel Zulauf.

Private Schulen – einst eher eine Ausnahme, heute Normalität. Die private Bildungsindustrie boomt. Sie profitiert von den Defiziten der öffentlichen Schulen.

Beantworten Sie die Fragen mit *solange*.

Wie lange haben Privatschulen viel Zulauf? (Die Lehrpläne an staatlichen Schulen sind veraltet.)
Wie lange werden Eltern ihre Kinder in private Schulen stecken? (Am öffentlichen Bildungssystem ändert sich nichts.)
Wie lange werden Privatschulen boomen? (An staatlichen Schulen werden die Kinder nicht genügend gefördert.)
Wie lange investieren Eltern in die Bildung ihrer Kinder viel Geld? (Lehrer an öffentlichen Schulen sind gestresst und überfordert.)
Wie lange wird die private Bildungsindustrie boomen? (Die Klassen an staatlichen Schulen sind überfüllt und der Unterricht fällt oft aus.)
Wie lange werden die Kinder in privaten Eliteschulen untergebracht? (Es gibt an öffentlichen Schulen wenig Kreativität und individuelle Förderung.)
Wie lange schicken Eltern ihre Kinder nicht auf eine staatliche Schule? (Es gibt an staatlichen Schulen zu wenige Computer, alte Lehrbücher und nicht genügend Lehrer.)

Notieren Sie Argumente für/gegen private Schulen. Wie ist es bei Ihnen? Vergleichen Sie.

Ich finde diese Art von Schulen o. k. / nicht schlecht / recht hilfreich /..., solange...
Bei uns ist diese Schulart ... Und solange das Bildungsministerium / die Schulen / die Regierung ..., wird es auch so bleiben.
Einerseits werden/sind/haben private Schulen ..., andererseits ...
Immer mehr Kinder / junge Leute / Eltern werden sich dafür entscheiden, solange ... Andererseits gibt es ...
Solange es in den privaten Schulen ... gibt, ...
Im Vergleich zu anderen Schularten ... sind die Privatschulen ...

Sie sollen ein Interview mit dem Direktor / der Direktorin einer privaten Schule machen. Was könnten Sie ihn/sie fragen? Schreiben Sie in Gruppen eine Liste mit Fragen bzw. Problemsituationen für das Interview. Präsentieren Sie Ihre Ideen im Plenum. Inszenieren Sie das Interview.

Ich finde, dass man nicht heiraten soll, bevor man einander näher kennen gelernt hat.

Auf immer und ewig

Liebe auf den ersten Blick und dann eine glückliche Beziehung auf immer und ewig – das klingt unglaublich romantisch. Aber wenn zwei wirklich länger zusammenbleiben und sich sogar das Jawort geben wollen, müssen sie einander auch besser kennen lernen und vielleicht auch die eine oder andere Krise gemeinsam durchstehen.

Sagen Sie Ihre Meinung, ergänzen Sie die Sätze.

Ich finde, dass man nicht heiraten soll, bevor ...
Ich finde es völlig o. k. zu heiraten, bevor ...
Viele Leute geben sich das Jawort, nachdem ...

- einander näher kennen lernen
- die Eltern des Partners kennen lernen
- sich einander ein wenig angleichen
- viel zusammen unternehmen
- den Partner einer gründlichen Prüfung unterziehen
- den richtigen Mix aus fester Beziehung und persönlicher Freiheit finden
- das wahre „Innere“ des Partners finden
- intensive Gespräche über die Zukunft führen
- dem Partner absolute Treue schwören
- die eine oder andere Krise zusammen durchstehen
- sich mindestens einmal streiten und es noch einmal miteinander versuchen
- andere Erfahrungen machen

Wann sollte man sich langfristig binden? Welche Zweifel/Befürchtungen haben Sie?

Meiner Ansicht nach soll man (nicht) heiraten, bevor/nachdem man ...
Auch wenn zwei Menschen sich kennen gelernt / gefunden haben / vieles gemeinsam unternommen/gemacht haben, ist es keine Garantie dafür, dass ...
Ich bezweifle, dass man ... kann/soll, bevor/nachdem man / zwei Menschen ...
Viele Menschen/Psychologen / ich ... befürchte(n), dass ...(nicht) ... bevor ...
Das mag schon stimmen, nur frage mich, ob es möglich/sinnvoll/notwendig ist, ... zu ..., nachdem/bevor ...

Tauschen Sie Ihre Meinungen zum Thema „Auf immer und ewig – gibt es eine Garantie?“ aus. Präsentieren Sie die Ergebnisse in Form von fiktiven Geschichten und stellen Sie die Geschichten im Plenum vor. Diskutieren Sie im Plenum.

Schulsport im Abseits?

> Der Sportunterricht bekommt keine neuen Perspektiven, solange man den Schwerpunkt auf die Leistung und nicht auf die Freude an der Bewegung setzt.

Der Schulsport ist für Fitness und Gesundheit jedes Schülers wichtig. Viele Kinder leiden heutzutage unter Bewegungsmangel. Die Folgen sind gesundheitliche Schäden und damit verbundene Kosten für die gesamte Gesellschaft. Doch die meisten jungen Leute lassen den Sportunterricht an der Schule trotzdem am liebsten ausfallen.

Verbinden Sie zwei Sätze zu einem Temporalsatz mit *solange*.

Der Sportunterricht bekommt keine neuen Perspektiven. Man setzt den Schwerpunkt auf die Leistung und nicht auf die Freude an der Bewegung.
Es gibt für „unsportliche" Schüler keine Chance. Theoretische Kenntnisse, Teamfähigkeit und Hilfsbereitschaft werden nicht bewertet.
Es ändert sich nichts. Nur wenige Sportlehrer werden ausgebildet.
Die Jugendlichen finden den Schulsport langweilig. Die Sportlehrer wollen von Trendsportarten nichts wissen.
Die Schüler schwänzen den Sportunterricht. Die Interessen und Bedürfnisse der Schüler bleiben unberücksichtigt.
Der Schulsport macht keinen Spaß. Er wird nicht abwechslungsreich genug gestaltet.
Der Unterricht motiviert die Schüler nicht zur Teilnahme. Viele Schulen haben nicht die nötige Ausstattung für aktuelle Trendsportarten wie z. B. Klettern.
Die Situation wird nicht besser. Man erkennt nicht nur die gesundheitlichen Vorteile, sondern auch die sozialen Aufgaben des Schulsports an.

Neue Perspektiven im Sportunterricht: Notieren Sie Schwierigkeiten und machen Sie Lösungsvorschläge.

Problematisch scheint mir vor allem ...
Solange ..., kann es leicht passieren, dass ...
Ich sehe Probleme/Schwierigkeiten eher in (darin, dass) ...
Solange die Schüler / die Lehrer / die Schulen ... kommt es häufig zu Problemen.
Vielleicht könnte/sollte man (auch einmal) ...
Ich hätte noch einen Vorschlag: ...
Was halten Sie / haltet ihr davon, ... zu ..., solange der Schulsport noch ...

Sie sind eine Gruppe engangierter Sportlehrer/Sportlehrerinnen. Entwerfen Sie in Partner- oder Gruppenarbeit einen Werbespot, der Kinder und Jugendliche zur Teilnahme am Schulsport motiviert.

Solange sie zur Schule gehen, nutzen viele Schüler und Schülerinnen regelmäßig das Internet.

Hausaufgaben aus dem Netz

Stress mit dem Referat? Schüler und Studenten suchen und finden Hilfe im Internet. Lehrer protestieren gegen das Schummeln online.

Formen Sie die Sätze um. Bilden Sie Nebensätze.

Während ihrer Schulzeit nutzen viele Schüler und Schülerinnen regelmäßig das Internet.
Vor einem Referat recherchieren viele von zu Hause aus Informationen zum Thema.
Beim Surfen im Internet bilden sie sich weiter und lernen je nach den individuellen Interessen orts- und zeitunabhängig.
Während der Vorbereitung der Hausaufgaben mit Hilfe des Internets wird auch die Medienkompetenz der Schüler entwickelt.
Bis zur Erfindung des Internets haben faule Schüler ihre Hausaufgaben heimlich in der Pause abgeschrieben.
Seit der Erfindung von Online cheating können Schüler endlich online abschreiben.
Vor dem Schreiben einer Facharbeit lohnt sich ein Blick auf die Adresse www.hausaufgaben.com.
Auch vor dem Erscheinen der ersten Hausaufgaben im Internet hat es Schummeleien gegeben.
Seit der Nutzung des Internets ist einfach eine weitere Quelle dazugekommen.
Bei der Erstellung von Referaten und Aufsätzen sollten die Lehrer den Prozess des Schreibens aufmerksamer begleiten und zwischendurch die Fortschritte überprüfen.
Nach der Ablieferung einer unerwartet guten Arbeit kann man den Schüler/die Schülerin mündlich prüfen, ob er/sie sich das Wissen erarbeitet oder abgeschrieben hat.

Liegt das Internet bei der Hausaufgabenvorbereitung bei Ihnen im Trend? Äußern Sie Befürchtungen.

Bei uns ist es noch nicht / längst selbstverständlich / normal ..., dass ...
Schüler und Studenten fingen erst an, das Internet zu nutzen, nachdem ...
Man soll den Stoff / das Material / die Aufgaben ..., bevor man ...
Die Tatsache, dass viele Schüler/Studenten ..., beunruhigt mich / die Lehrer.
Auch wenn viele Schüler/Studenten glauben, dass ..., ist das keine Garantie für eine gute Note / den künftigen beruflichen Erfolg.
Viele Eltern/Lehrer/Professoren machen sich ernsthafte Sorgen, seit(dem) ...

Sie sind Gastgeber einer Talkshow zum Thema „Hausaufgaben aus dem Internet: pro und contra". Wen würden Sie einladen? Welche Probleme möchten Sie mit Ihren Gästen besprechen? Schreiben Sie in Gruppen eine Liste mit thematischen Schwerpunkten für Ihre Talkshow. Inszenieren Sie die Talkshows im Plenum.

Kunst = Genuss?

Die heutige Museumsvielfalt ist so groß, dass keine Wünsche offen bleiben.

Nicht jeder, der ein Kunstmuseum besucht, sieht auch wirklich die Bilder, die dort ausgestellt sind. Manchmal rennen die Menschen so durch eine Ausstellung, dass sie allenfalls einen flüchtigen Eindruck bekommen. Kunst ist heutzutage zur Mega-Attraktion geworden.

Formulieren Sie die Sätze mit *so ... dass* um.

Die heutige Museumsvielfalt ist groß, so dass keine Wünsche offen bleiben.

Man sollte sich für einen Museumsbesuch viel Zeit nehmen, so dass man die Kunst verstehen und genießen kann.

Sensationelle Ausstellungen ziehen viele Schaulustige an, so dass sie sich zu Mega-Events entwickeln.

Viele Ausstellungen sind voll, so dass die Besucher von stillem Genuss nur träumen können.

Viele rennen schnell durchs Museum, so dass sie kaum noch Zeit zum Genießen und Verstehen haben.

Bei kurzen Museumsbesuchen kriegt man wenig von der Kunst mit, so dass am Ende nur oberflächliche Information bleibt.

Museumsführungen sind manchmal langatmig, so dass vielen die Lust auf Kunst vergeht.

Ist Kunst für Sie ein Genuss? Äußern Sie auch Einwände.

Ich gehe ziemlich oft / leider selten ins Museum, so dass ...
Normalerweise schaue ich mir ... an, so dass ich ...
Obwohl ein Museumsbesuch in der Regel kurz ist, ...
Der Kunstgenuss / Der Eindruck von der Ausstellung / den Bildern ist so tief/ vollständig/oberflächlich, dass ...
Viele Museen locken ihre Besucher mit Unterhaltungsangeboten an, so dass ... Ich finde das ...

Sie sind Direktor/Direktorin eines bekannten Kunstmuseums und wollen mehr Rücksicht auf die Bedürfnisse von Kindern und Jugendlichen nehmen. Schreiben Sie eine Liste von Aktivitäten, mit deren Hilfe Sie einen Besuch in Ihrem Museum für junge Besucher interessant und lehrreich machen können. Präsentieren Sie Ihre Ideen im Plenum.

+HA

> Viele Menschen telefonieren sehr oft, so dass ihr Handy immer griffbereit sein muss.

Das Handy – ein Kultobjekt?

Fotos verschicken und im Internet surfen, ab und zu ein neuer Klingelton – kein Problem für ein modernes Mobiltelefon. Viele schreiben eine SMS, obwohl der Empfänger im Zimmer nebenan sitzt. Ist das Handy ein notwendiges Kommunikationsmittel oder Selbstzweck, ja Kultobjekt?

Verbinden Sie die Sätze mit *so dass* oder *so ... dass*.

Viele Menschen telefonieren sehr oft. Ihr Handy muss immer griffbereit sein.

Das Handy ist in allen Medien präsent. Es ist bereits zu einem Kultobjekt geworden.

Viele geben dafür viel Geld aus. Sie können sich andere Dinge nicht mehr leisten.

Bei einigen Menschen klingelt das Handy ständig. Die anderen nervt das.

Die Person mit dem Handy in der Hand oder am Ohr ist heutzutage selbstverständlich. Niemand wundert sich mehr darüber.

Jedes Jahr gibt es viele neue Modelle. Kinder und Jugendliche kommen immer wieder in Versuchung.

Das Problem ist ernst. Lehrer und Psychologen wollen den richtigen Umgang mit dem Handy auf den Lehrplan setzen.

In manchen Situationen muss man sofort reagieren. Ein Handy kann Leben retten.

Haben Sie ein Handy? Ist ein Handy für Kinder notwendig?

Ich besitze (k)ein Handy, denn ich telefoniere selten/oft, so dass ...
Mein Handy muss immer griffbereit sein, so dass ...
Das Handy ist für mich so (un)wichtig, dass ich ...
Handys bei Kindern finde ich völlig o. k./überflüssig/notwendig/falsch, weil ...
Das Problem ist so ernst/lächerlich, dass ...
Die Folgen sind / Die Wirkung ist so gering/verheerend, dass .../

Sie sind Gastgeber einer Talkshow zum Thema „Handys – Luxus oder Notwendigkeit?". Einigen Sie sich in der Gruppe auf drei Gäste. Welche Themen und Probleme möchten Sie mit Ihren Gästen besprechen? Schreiben Sie eine Liste mit thematischen Schwerpunkten für Ihre Talkshow. Inszenieren Sie die Talkshows im Plenum.

Exoten in Not

> Das Risiko dabei ist so niedrig, dass viele Urlauber in gefährliche Versuchung kommen.

Schlangen in der Plastikwanne, Chamäleons im Glaskasten, ein Brillenkaiman in der Badewanne ... Immer öfter werden lebende Tiere und Pflanzen als Urlaubssouvenirs aus fremden Ländern mitgebracht. Besonders Reptilien gelten als neue Modehaustiere. Doch kaum einer weiß, wie man diese Tiere artgerecht hält.

Bilden Sie Konsekutivsätze mit *so (...) dass*.

Der illegale Artenhandel fährt hohe Gewinne ein. Diese werden nur knapp vom Drogenhandel übertroffen.

Das Risiko dabei ist niedrig. Viele Urlauber kommen in gefährliche Versuchung.

Der internationale Handel mit gefährdeten Tieren und Pflanzen ist groß. Die Zahl vieler wild lebender Arten geht drastisch zurück.

Die Tiere werden unter schlechten Bedingungen transportiert. Nur ein Bruchteil der Tiere überlebt den Transport.

Viele Tiere werden falsch gefüttert. Sie werden krank und sterben.

In Europa ist es kalt. Viele Exoten sterben an Lungenentzündung und Unterkühlung.

Die meisten exotischen Tiere sind sensibel. Man muss über Fachwissen verfügen, um diese Tiere zu halten.

Die Gefahr, dass viele exotische Tiere und Pflanzen verschwinden, ist groß. Reisende sollten darauf verzichten, exotische Tiere und Pflanzen als Souvenirs heimzubringen.

Die Situation ist Besorgnis erregend. Die Tierschutzorganisationen fordern ein totales Importverbot für exotische Tiere.

Notieren Sie Vorschläge zur Veränderung der Situation. Diskutieren Sie.

Ich schlage vor, ... zu ..., so dass der Handel mit exotischen Tieren ...
Vielleicht könnte/sollte man (auch einmal) den Tierhandel organisieren/ kontrollieren/verbieten ..., so dass ...
Ich hätte noch einen Vorschlag: ...
Was halten Sie / haltet ihr davon, ...?
Wäre es nicht besser, wir / die Menschen / die Zollbeamten ... würden ... so, dass ...

Sie entwerfen Plakate gegen den Handel mit exotischen Tieren. Sammeln Sie in Gruppen Ideen und Vorschläge. Zeichnen Sie schematisch die Plakate und überlegen Sie kurze Texte dazu. Präsentieren Sie die Ergebnisse im Plenum und einigen Sie sich auf das beste Plakat.

Das Hotel liegt so nahe an einer Autobahn, dass man nachts nicht schlafen kann.

Urlaubsstress – Urlaubsärger

Bilden Sie Konsekutivsätze.

Urlaub ist normalerweise die schönste Zeit im Jahr. Doch manchmal läuft nichts wie geplant: Schmutziger Strand, kein warmes Wasser im Hotelzimmer, laute Nachbarn, Regen statt Sonne, eisige Temperaturen statt versprochener Hitze.

Das Hotel liegt nah an einer Autobahn. Man kann nachts nicht schlafen.

Die Anfahrt zum Hotel ist anstrengend. Man kann den Urlaubern so etwas nicht zumuten.

Die Hotelzimmer sind klein und ungemütlich. Die Hotelgäste fühlen sich nicht wohl.

Der Strand ist weit. Man kann die Strecke nicht zu Fuß schaffen.

Der Weg zum Strand ist steil und gefährlich. Kleine Kinder und ältere Leute können ihn einfach nicht benutzen.

Das Meer ist schmutzig. Man bekommt keine Lust zum Schwimmen oder Tauchen.

Das Wetter ist kalt. Das Liegen am Strand macht keinen Spaß.

Freunde möchten Urlaub in einem teuren Hotel am Meer machen. Sie möchten sie für einen gemeinsamen Urlaub zu Hause gewinnen.

Die Reise / Der Urlaub ist sicher so teuer, dass ihr ...
Im Hotel esst ihr bestimmt (zu) viel/fett/kalorienreich/einseitig/exotisch, so dass ihr dann/kaum ... könnt/habt/seid.
Das Essen ist / Die Getränke sind garantiert zu scharf/salzig/süß/stark ..., so dass man/ihr ...
Das Meer ist bestimmt so kalt/schmutzig, dass ihr ...
Der Swimmingpool ist vermutlich klein/voll/ ..., so dass man dort ... kann.
Das Wetter / Die Umgebung ist sicher so ..., dass ...

Sie sind Besitzer/Besitzerin eines Hotels, das erst vor kurzem eröffnet wurde. Sie wollen ein bisschen Werbung im Internet machen, um Urlauber auf Ihr Hotel aufmerksam zu machen. Schreiben Sie in Gruppen einen Werbetext für Ihr Hotel. Präsentieren Sie Ihre Plakate im Plenum.

Jung sein

> Je länger wir leben, desto mehr Erfahrung sammeln wir.

Jung sein kann sehr schön sein, aber auch sehr stressig. Man hat mehr Zeit, mehr Freiraum als Erwachsene, die im Berufsleben stehen, aber man hat auch viele Probleme: Leistungsdruck, Konkurrenzkampf, Jobsuche, Beziehungsstress.

Ordnen Sie zu. Es gibt mehrere Varianten.

Je länger wir leben,	desto weltoffener ist man.
Je öfter wir neue Leute kennen lernen,	umso engagierter werden sie später.
Je länger die Jugend dauert,	umso weniger Sorgen machen sie sich um ihre Zukunft.
Je freier man von Vorurteilen ist,	umso schwerer hat man es im Leben.
Je jünger die Menschen sind,	umso komplizierter ist es, den eigenen Platz im Leben zu finden.
Je später man erwachsen wird,	umso stärker achtet man auf moralische Werte.
Je früher Menschen im Berufsleben stehen,	umso mehr Chancen haben wir im Leben.
Je älter man wird,	desto mehr kann man in dieser Zeit ausprobieren.
Je abhängiger man von seinen Eltern ist,	desto mehr Erfahrung sammeln wir.
Je kritischer Jugendliche sind,	umso schneller machen sie Karriere.

Wie haben Sie das Jungsein erlebt? Was finden Sie daran gut? Was weniger gut?

Je besser/öfter/länger Jugendliche / junge Menschen ..., desto mehr/leichter/schwerer ...
Je unabhängiger/freier/kritischer/selbstsicherer/... die Menschen ..., umso lieber/häufiger/stärker/schöner können sie / kann das Leben / der Job ...
Ein wichtiger Punkt/Vorteil/Nachteil ist/war für mich: je ..., desto ....
Dazu kommt/kam ein weiteres Plus/Minus: ...

Sie sind Gastgeber einer Talkshow zum Thema „Jung sein ist schön!?“. Einigen Sie sich in der Gruppe auf drei Gäste. Über welche Themen und Probleme möchten Sie mit Ihren Gästen sprechen? Schreiben Sie eine Liste mit thematischen Schwerpunkten für Ihre Talkshow. Inszenieren Sie die Talkshows im Plenum.

Je moderner der Mensch (ist), desto weniger Kitsch hat er in seiner Wohnung.

Kitsch oder Gemütlichkeit?

Antworten Sie auf die Fragen mit *je ... desto* oder *je ... umso*.

Wer hat weniger Kitsch in seiner Wohnung? Ein moderner Mensch.
Wann fühlt man sich wohl in der Wohnung? Wenn sie schön eingerichtet ist.
Wann ist es gemütlich? Wenn die Möbel in der Wohnung alt sind.
Wann hat die Wohnung (mehr) Stil? Wenn der Geschmack des Bewohners gut ist.
Wann wirkt das Haus persönlich? Wenn man viele Bilder, Vasen und Tischdecken im Haus hat.
Wann wirkt das Haus repräsentativ auf die Gäste? Wenn die Möbel massiv und teuer sind.
Wann gibt man mehr Geld für Designermöbel aus? Wenn man Wert auf guten Stil legt.
Wann sieht das Haus origineller aus? Wenn die Bewohner kreativ sind.
Wann richtet man sich einfacher ein? Wenn man sich finanziell wenig leisten kann.
Wann sind die Möbel schlichter und praktischer? Wenn die Menschen jung sind.

Wie können Möbel und Wohnungseinrichtung unser Leben beeinflussen? Diskutieren Sie (positive und negative Aspekte).

Je mehr/weniger ... Möbel/Dinge/Gegenstände es in der Wohnung gibt, desto leichter/seriöser/solider/ ... wirkt die Wohnung. Davon bin ich überzeugt.
Ich bin sicher: Je einfacher/praktischer/bequemer/teurer/billiger/... die Einrichtung ist, umso besser/wohler/schlechter/... fühlt man sich in der Wohnung.
Manche Menschen fühlen sich umso ..., je ... heller/dunkler/moderner/ ...
Je kreativer/ideenreicher/langweiliger/monotoner/ ... wir unsere Wohnungen/Häuser gestalten/möblieren, desto ...
Ein wichtiger Punkt/Vorteil/Nachteil ist/wäre ...

Für einige Menschen ist Kitsch gleich Gemütlichkeit. Kitsch hat also seine Fans. Was sind das für Menschen (Geschlecht, Alter, Hobbys, Interessen), was ist typisch für sie? Wo sehen Sie den Grund für ihre „Leidenschaft“? Schreiben Sie in Gruppen einen kurzen Artikel zum Thema „Kitsch und seine Fans“. Stellen Sie Ihre Artikel im Plenum vor und beantworten Sie Fragen.

Beziehung auf dem Prüfstand

Je liebevoller man sich umeinander kümmert, desto angenehmer ist das Zusammensein.

Ordnen Sie zu und bilden Sie Vergleichssätze. Es gibt mehrere Varianten.

viel Vertrauen zueinander haben
gern unter einem Dach wohnen
intelligent sein
oft ein offenes Ohr füreinander haben
einander selten belügen
viele gemeinsame Interessen haben
zärtlich zueinander sein
oft aneinander denken
viel gemeinsam unternehmen
viel voneinander lernen
einander leicht verzeihen

gern unter einem Dach wohnen
die Beziehung ist fest
es gibt wenig Vorwürfe
man kann leicht kommunizieren
das Zusammensein ist angenehm
die Partnerschaft hält lange
man lernt einander gut kennen
schnell zusammenziehen
das Trennungsrisiko ist klein
es gibt wenig Beziehungsstress
man hat wenig Angst vor Streit

Welche Eigenschaften sind Ihnen wichtig? Formulieren Sie auch vorsichtige Zweifel.

Es ist mir sehr/ziemlich wichtig, dass ...
Denn je öfter/mehr/fester/stärker ..., umso länger/besser/dauerhafter ...
Je größer/weniger ... umso ... Und darauf lege ich viel Wert.
Viele behaupten: Je ... desto ... Das mag schon sein, aber ...
Für viele ist Liebe/Vertrauen / gemeinsame Freizeit/ ... selbstverständlich.
Doch ich glaube nicht / bezweifle, dass ...
In manchen Situationen ist es entscheidend, dass ... Aber das muss nicht immer richtig sein.

Schreiben Sie auf Zettel einzelne Eigenschaften bzw. Punkte, die Ihrer Meinung nach wichtig sind, damit eine Beziehung funktioniert. Besprechen Sie in Gruppen, was Sie an Eigenschaften gesammelt haben, und machen Sie eine Rangliste. Präsentieren Sie die Listen im Plenum.

> Je reifer die Studenten sind, umso geringer ist das Risiko, dass sie das Studium schmeißen.

Studieren mit 35

- Je man später mit dem Studium beginnt, desto bewusster werden die Anstrengungen des Studierens wahrgenommen.
- Je reifer sind die Studenten, umso geringer ist das Risiko, dass sie das Studium schmeißen.
- Je später man sich entscheidet für das Studium, umso größer die Belastung durch Familie und Kinder.
- Je älter die Akademiker sind, desto belastbarer sind sie.
- Je länger man wartet mit dem Studium, umso begehrter ist das Diplomzeugnis.
- Je schwieriger ist das Studium, umso größer der Enthusiasmus und die Eigeninitiative der „späten" Studierenden.
- Je mehr Lebenserfahrung haben die „späten" Studenten, desto enger der Bezug ist zur Praxis.
- Je die reifen Akademiker besser abschneiden, desto größer ihre Chancen auf dem Arbeitsmarkt sind.

Ist die Wortstellung korrekt? Korrigieren Sie, wo nötig.

Je früher/später man mit dem Studium beginnt / sich für das Studium entscheidet, umso/desto bewusster/gezielter/stärker/fester/konsequenter/...
Je mehr/weniger Lebenserfahrung/Berufserfahrung Studierende haben, desto bessere/höhere/geringere/schlechtere Chancen ...
Je ..., umso mehr/weniger Spaß/Zeit/Lust/Engagement hat man.

Notieren Sie Unterschiede zwischen Studierenden mit Mitte 20 und Mitte 30 (Stärken/Schwächen).

Notieren Sie Argumente pro und contra Studium im reiferen Alter. Inszenieren Sie in kleinen Gruppen eine Talkshow und präsentieren Sie die Talkshows im Plenum.

Bestseller, nein danke!

Je breiter die Werbekampagne (war), umso größer ist das Interesse des Publikums.

Für viele Bücher, Filme, Songs wird viel Werbung gemacht. Der Film oder die Musik können noch so gut sein – aber wenn der Autor dermaßen in den Himmel gehoben wird, dann werden viele Menschen skeptisch. Ist wirklich das Talent ausschlaggebend oder wird einfach unsere Meinung manipuliert?

Verbinden Sie zwei Sätze zu einem Vergleichssatz.

Es gibt viele Gerüchte rund um diesen Film. Die Zuschauer finden ihn gut.

Die Werbekampagne war breit. Das Interesse des Publikums ist groß.

Der Autor ist bekannt. Die Erwartungen sind hoch.

Die Schauspieler sind prominent. Der Film bekommt viele Preise.

Der Regisseur und die Schauspieler erscheinen oft im Fernsehen. Die Menschen nehmen den Film begeistert auf.

Der Regisseur ist bekannt. Der Film lockt viel Publikum an.

Der Medienrummel um das Buch ist groß. Viele Menschen finden es toll.

Der Autor ist jung. Die Chancen auf Erfolg sind gering.

Die Presse beschäftigt sich viel mit dem Buch. Man will das Buch gern lesen.

Die Themen sind ernst. Wenige Menschen wollen den Film sehen oder das Buch lesen.

Das Budget eines Films ist klein. Das Interesse der Zuschauer ist bescheiden.

Wie entscheiden sich Menschen, ein Buch zu lesen / einen Film zu sehen? Welche Rolle spielt die Werbung?

Das Interesse für ein Buch / einen Film / einen Musiker / ... ist umso größer, je mehr/öfter/stärker/breiter/ ...
Ein Film / Ein Buch /... bekommt umso mehr Publikum/Leser/Fans, je ...
Je öfter man über den Film / das Buch berichtet/schreibt, desto mehr/größer/öfter ...
Je breiter die Werbekampagne ist/war, umso ...

Sie sind Gastgeber einer Talkshow zum Thema: „Bestseller: Worauf kommt es an?" Welche Gäste möchten Sie einladen, damit die Talkshow interessant verläuft? Begründen Sie Ihre Wahl. Einigen Sie sich auf thematische Schwerpunkte. Formulieren Sie eine Zeitungsannonce für Ihre Talkshow.

Je weniger man unternimmt, desto weniger Energie bringt man auf.

TV-süchtig?

Viele Menschen sind ganz schön geschafft, wenn sie von der Arbeit nach Hause kommen. Für einen Kinobesuch, einen Spaziergang oder eine Runde Joggen reicht die Energie nicht mehr. Da bleibt nur Fernsehen bis zum Abendessen, oft auch während des Essens und danach, bis zum Einschlafen. Und genau das ist der Teufelskreis für viele.

Verbinden Sie zwei Sätze zu einem Vergleichssatz.

Man unternimmt wenig. Man bringt wenig Energie auf.

Man lässt sich tief in den Sessel sinken. Das Aufstehen fällt schwer.

Man bleibt lange vor dem Fernseher sitzen. Der Sauerstoffmangel macht sich schnell bemerkbar.

Man geht selten an die frische Luft. Man wird unbeweglich und passiv.

Man bewegt sich selten. Man wird schlapp und faul.

Man hat es bequem. Das Leben wird langweilig.

Man verbringt seine Freizeit oft zu Hause. Man ist mit sich selbst unzufrieden.

Es passiert häufig. Es wird kompliziert, sich zu etwas aufzuraffen.

Man „pflegt" lange seine Faulheit und Trägheit. Es ist wichtig, den ersten Schritt zu machen.

Warum werden Menschen TV-süchtig? Äußern Sie Vermutungen.

Ich vermute / nehme an, dass man umso passiver/träger/unbeweglicher/ ... wird, je öfter/weniger/mehr/ ...
Vermutlich werden die Leute / die Jugendlichen / die Kinder umso süchtiger/abhängiger, je mehr/stärker/öfter ...
Ich schätze, je schlechter/schwerer/länger ..., desto öfter/mehr/weniger/größer ...
Je öfter/länger man fernsieht / vor dem Fernseher / vor der Glotze sitzt, desto/umso schwieriger/schlechter ... wird/ist / kann man wahrscheinlich ...

Sie sind Psychologe/Psychologin und sollen Lehrer und Eltern über die Risiken des regelmäßigen Fernsehkonsums und das Entstehen der so genannten Fernsehsucht aufklären. Sammeln Sie in Gruppen Informationen und Argumente für einen Vortrag. Halten Sie Ihre Vorträge im Plenum und beantworten Sie Fragen.

Frühes Lernen

Ich finde es falsch, dass die Latte für die Kinder so hoch gelegt wird.

Lernvideos für Babys, Englisch für Zwei- bis Dreijährige, professionelle Nachhilfe und Persönlichkeitstests für Vorschulkinder. Das frühe Lernen liegt im Trend, der Nutzen für die Kinder ist oft zweifelhaft.

Lesen Sie die Statements zum Thema „Frühes Lernen". Nehmen Sie in einem Leserbrief Stellung.

Karl-Heinz, 56: Ich finde, dass frühes Lernen die Latte für die Kinder viel zu hoch legt. Man erwartet von Zwei- bis Fünfjährigen Höchstleistungen. Die Eltern fördern ihre Kinder ohne Sinn und Verstand und trainieren Fähigkeiten, für die das kindliche Gehirn noch nicht reif ist. Es gibt Eltern, die ihre Kinder in zahlreiche Kurse und Schulen stecken. So lässt man den Kleinen keinen Raum für Spiele und Sport. Man kann die Kinder durch Überforderung demotivieren und so ihr Selbstbewusstsein knicken.

Silvia, 34: Ich bin für frühes Lernen. Hauptsache, man schafft genügend Anregungen zum Spielen und Experimentieren. Schon in früher Kindheit sollte man das Interesse der Kleinen für die Welt wecken, den Kindern Freude am Lernen vermitteln, sie motivieren. Das finde ich wichtig. Außerdem fördert man die Kleinkinder durch das gemeinsame Spielen, Vorlesen, Experimentieren, integriert das Lernen in den Alltag und bereitet so auf die Schule vor.

Liegt das frühe Lernen bei Ihnen auch im Trend? Äußern Sie auch Befürchtungen.

Die Tatsache, dass viele Kinder von ihren Eltern ... werden, macht mir Angst.
Ich befürchte, dass durch ... viele Kinder ... überfordert / unter Druck gesetzt / demotiviert/eingeschüchtert werden.
Auch wenn Eltern/Lehrer/viele ... glauben, dass beim frühen Lernen ... entwickelt/gefördert/geschult wird/werden, ist es keine Garantie für den künftigen beruflichen Erfolg.
Man muss die Frage stellen, ob (durch) das frühe Lernen ... wird/werden.
Viele Eltern/Psychologen/Wissenschaftler ... haben Angst davor, dass durch den neuen Trend ... werden/wird.
Das frühe Lernen mag sicherlich viele Vorteile haben, nur frage ich mich, ob dabei auch/nicht ... wird/werden.

Sie möchten einen Förderkurs für Vorschulkinder einrichten, der sie auf die Schule vorbereitet. Entwerfen Sie in Gruppen eine Werbeannonce für die Zeitung. Präsentieren Sie die Annoncen im Plenum.

Ich sehe den Vorteil darin, dass den Kindern die Angst vor der Schule genommen wird. Ein Nachteil ist, dass der Umgang mit Altersgenossen verlernt wird.

Hausunterricht ist „in"

In vielen Ländern ist der Hausunterricht verbreitet und ein staatlich anerkanntes Bildungskonzept, andere Länder dagegen halten verbindlich an der Schulpflicht fest.

Homeschooling, eine in Deutschland weitgehend vergessene Schulform, wird in anderen Ländern bereits schon länger mit großem Erfolg praktiziert und erweist sich immer mehr als Bildungsweg der Zukunft. Man nimmt den Kindern die Angst vor der Schule, reduziert den Stress und berücksichtigt Begabungen und Interessen des Kindes stärker. Kinder entwickeln ihr eigenes Tempo beim Lernen. Die Gründe, die Eltern dazu veranlassen, ihre Kinder zu Hause zu unterrichten, können sehr unterschiedlich sein. In erster Linie ist es die Misere des heutigen staatlichen Bildungssystems. Man presst die Schüler unabhängig von ihrer persönlichen Entwicklung und ihren Schwächen und Stärken in die Vorgaben staatlicher Lehrpläne, die kaum noch Freiraum für die individuelle Förderung des Kindes lassen und die Lernfreude zunehmend zerstören. Die Kinder sind oft über- oder unterfordert. Fähigkeiten, die eigentlich gefördert werden sollten, gehen im Massen- und Einheitsbetrieb der Schule unter, Potentiale bleiben ungenutzt. Ganz anders beim Heimunterricht. Zu Hause ist es den Eltern möglich, die Kinder individuell und umfassend je nach ihrer momentanen Entwicklung zu bilden und zu fördern. Die kleine Gruppe und die ruhige und entspannte Atmosphäre bieten beste Voraussetzung für erfolgreiches Lernen. Man fördert alle Schüler und geht auf sie ganz individuell ein. Doch die Psychologen befürchten, dass zu Hause unterrichtete Kinder weniger Lebenserfahrungen sammeln und den Umgang mit Altersgenossen verlernen.

Lesen Sie. Nehmen Sie in einem Brief an die Zeitung Stellung.

Ein Grund könnte die Tatsache sein, dass das Lernen / der Unterricht / die Arbeit dabei ... organisiert/durchgeführt/geplant/aufgebaut wird.
Es scheint / Es kann sein, dass die Kinder/Schüler/Lehrer ... beim Lernen zu Hause besser/intensiver unterrichtet/gelehrt/gefördert/... werden.
Es sieht so aus, als ob diese Lernform ... würde(n).
Vermutlich/Wahrscheinlich/Vielleicht wird/werden beim Hausunterricht ...

Die Popularität des Hausunterrichts wächst. Äußern Sie Vermutungen über die Gründe.

Sie sind Gastgeber einer Talkshow zum Thema „Hausunterricht: pro und contra". Wen würden Sie einladen? Welche Themen und Probleme möchten Sie mit Ihren Gästen besprechen? Schreiben Sie in Gruppen eine Liste mit thematischen Schwerpunkten für Ihre Talkshow. Inszenieren Sie die Talkshows im Plenum.

Familienpsychologie als Schulfach

Es sollte eine Art Familien-Führerschein eingeführt werden.

Immer mehr Kinder sind verhaltensauffällig, in ihrer Entwicklung gestört oder tanzen ihren Eltern auf der Nase herum. Jugendämter glauben, dass viele Familien bei der Erziehung überfordert sind, weil es ihnen an Kenntnissen mangelt. Angesichts dieser Entwicklung halten viele es für sinnvoll, Familienpsychologie im Schulunterricht einzuführen.

Formen Sie die Aktiv-Sätze ins Passiv um.

Die hohe Scheidungsrate und die hohe Arbeitslosigkeit darf man nicht allein für die Verhaltensauffälligkeiten unserer Kinder verantwortlich machen.
Deshalb soll man Familienpsychologie als Pflichtfach an Schulen einführen.
Man muss Jugendliche auf Partnerschaft und Familiengründung vorbereiten.
Man sollte eine Art Familien-Führerschein einführen.
Man muss die Erziehungskompetenz der Jugendlichen von heute erhöhen.
Paare, die Kinder haben wollen, sollten ihre Erziehungsfähigkeiten nachweisen.
Schon in der Schule muss man die Jugendlichen über die Belastungen des Familienlebens aufklären.
Das Jugendamt kann nicht alle Folgen mangelnder Erziehung ausbügeln.
Das Jugendamt kann nicht alle „Problemfamilien“ unterstützen.
Die bestehenden Erziehungsberatungsstellen können nicht alle Defizite in der Familie auffangen.
Die wachsenden Probleme von Kindern und Jugendlichen kann man nicht allein auf das Versagen der Eltern bei der Erziehung zurückführen.
Auch die hohe Arbeitslosigkeit und fehlende berufliche Perspektiven für Jugendliche können Familien sehr stark belasten.

Finden Sie Familienpsychologie als Schulfach sinnvoll?

Aus meiner Sicht soll Familienpsychologie (nicht) als Schulfach eingeführt werden. Der Grund dafür ist, dass ...
Die Jugendlichen / künftigen Eltern müssen auf ... vorbereitet werden. Den Grund dafür sehe ich in ... / darin, dass ...
Auch junge Leute sollen/müssen/können ... werden
Aus diesem Grund muss/kann/soll/darf (nicht) ... werden.

Sammeln Sie in Gruppen Argumente und Informationen zum Thema „Familienerziehung in der Schule: pro und contra“. Schreiben Sie ein kurzes Statement und halten Sie eine kurze Rede im Plenum.

„Gefährliche Orte" können relativ kostengünstig und mit geringem Personaleinsatz kontrolliert werden.

Videoüberwachung

Videoüberwachung ist eine klassische Überwachungstechnik. Ihr Einsatz ist weder zwangsläufig gut noch schlecht. Vielmehr sind die Vorteile und Nachteile in jedem konkreten Fall abzuwägen. Videoüberwachung kann einerseits präventiv, andererseits auch kontraproduktiv wirken.

Lesen Sie und formen Sie um (Passiv).

pro

Ich finde die Videoüberwachung richtig. Auf diese Weise kann man „gefährliche Orte" relativ kostengünstig und mit geringem Personaleinsatz kontrollieren. Das aufgezeichnete Bildmaterial wird dann ausgewertet. So kann man die Täter leichter überführen und die Zahl der Straftaten massiv verringern. Die Sicherheitslage wird auf diese Weise verbessert.

contra

Ich bin strikt dagegen. Das ist doch Rechtsverletzung! Außerdem können Straftäter beobachtete Bereiche meiden. Eine vollständige technische Überwachung sämtlicher möglicher Risiko-Orte kann man also nicht durchführen. Natürlich ist es wichtig, jedem Menschen ein subjektives Sicherheitsgefühl zu geben. Doch durch Fehlalarme kann man Sicherheitsrisiken erst auslösen. Und was noch schlimmer ist – durch Fehleinschätzung können Menschen Risikosituationen selbst provozieren. Außerdem können wir von der technischen Kontrolle keine Hilfe erwarten! Also, wozu dann diese Geldverschwendung?

Notieren Sie Argumente für und gegen Videoüberwachung.

Ein wichtiger Vorteil ist/wäre, dass durch die Videoüberwachung ... reduziert/verringert/verbessert/... wird/werden.
Dazu kommt noch der Vorteil / die Gefahr, dass ... verringert/reduziert wird.
Ein weiterer wichtiger/entscheidender Punkt ist/wäre ...
Die Idee, dass alles total überwacht/kontrolliert/... wird, gefällt mir gar nicht.
Ich finde das Argument, dass durch die Videoüberwachung ... verbessert wird/werden, nicht überzeugend.
Ich finde die Videoüberwachung gefährlich, denn auf diese Weise wird/werden ...

Schreiben Sie in Partnerarbeit einen Krimi, in dem Sie Stellung zum Thema „Videoüberwachung" beziehen. Präsentieren bzw. inszenieren Sie Ihre Krimis im Plenum.

Gute Manieren als Schulfach

Den Kindern soll von den Erwachsenen der respektvolle Umgang mit anderen Menschen beigebracht werden.

Zu einer guten Bildung gehören Anstand und Benehmen ebenso wie Wissen und Können. Viele glauben, dass die Schule sich ihrem Erziehungsauftrag nicht entziehen darf, denn mangelnde Disziplin und der Verlust von Respekt führen zu einer Verschlechterung des Lernklimas. Tragen die Eltern etwa keine Verantwortung für die Erziehung ihrer Kinder?

Erweitern Sie die Passiv-Sätze mit *von* oder *durch*.

Der respektvolle Umgang mit anderen Menschen soll den Kindern beigebracht werden. (die Erwachsenen)

Die guten Manieren sollen nicht vernachlässigt werden. (die moderne Bildung)

Der Benimm-Unterricht muss als fester Bestandteil des Stundenplans eingeführt werden. (das Kultusministerium)

Die Grundregeln des sozialen Verhaltens müssen eingeübt werden. (das ständige Training)

Die Schule darf nicht als Reparaturbetrieb für die nachlassende Erziehungsleistung der Eltern betrachtet werden. (die Öffentlichkeit)

Gutes Benehmen muss auch erlernt werden. (das Vormachen)

Die Bedeutung von Pünktlichkeit, Zuverlässigkeit, Fairness und Rücksicht soll vermittelt werden. (Gespräche und Diskussionen)

Das Wissen über gutes Benehmen muss vermittelt werden. (der ganze Bildungsprozess)

Bei kleinen Kindern können diese Fähigkeiten entwickelt werden. (das Nachahmen)

Der Benimm-Unterricht kann je nach Situation und Thema in den normalen Unterricht eingebaut werden. (der Lehrer)

Wie stehen Sie zum Benimm-Unterricht in der Schule? Zählen Sie Argumente auf und fassen Sie zusammen.

Ich finde die Idee ... gut/schlecht.
Erstens kann/können der gute Ton / der Umgang mit Menschen / gutes Benehmen / gute Manieren ...
Zweitens/Drittens muss ... Dazu kommt noch das Argument, dass ...
Ein weiterer wichtiger Punkt ist/wäre ...
Zusammenfassend lässt sich sagen: Gutes Benehmen muss/darf (nicht) ... werden.
Zum Schluss noch eine Bemerkung: Gute Manieren müssen/können/sollen ... werden.

Einigen Sie sich in Gruppen auf fünf bis sieben besonders wichtige Benimm-Regeln. Wie kann unser Privat- und Berufsleben durch die Befolgung bzw. Nicht-Befolgung dieser Regeln beeinflusst bzw. verändert werden? Diskutieren Sie im Plenum.

Stress kann durch gezielte Entspannung besser bewältigt werden.

Antistressprogramm

Stress und Nervosität sind für die Entstehung vieler Krankheiten mitverantwortlich. Deshalb ist es wichtig, sich in Zeiten starker seelischer Belastung regelmäßig entspannen zu können. Nur so kommen Körper und Geist wieder ins Gleichgewicht.

Bilden Sie Passivsätze mit *können* oder *müssen*.

Durch Entspannungsübungen ist der gestresste Körper immer wieder ins Lot zu bringen.
Ein individuelles Programm zur Stressbewältigung ist leicht zusammenzustellen.
Stress ist durch gezielte Entspannung besser zu bewältigen.
Kurzurlaube für Geist und Seele sind immer und überall zu machen.
Ruhe-Inseln, die uns räumlich und akustisch von unserer Außenwelt abschirmen, sind überall zu finden.
Körperliche Überanstrengung ist zu vermeiden.
Besonders im Winter sind die Abwehrkräfte durch sportliche Aktivitäten zu erhöhen.
Mit kleinen Tricks wie einem Kinoabend oder Saunabesuch ist das Stimmungstief zu überlisten.
Zu hohe Anforderungen an sich selbst in der Arbeit und im Haushalt sind zu reduzieren.
Quälende und destruktive Gedanken sind bewusst zu stoppen.
Unangenehme Gedanken sind durch schöne Erinnerungen oder Beschäftigungen zu ersetzen.
Entspannung und innerliche Ruhe sind auch durch Meditation oder Sport zu erreichen.
Eine Änderung der Lebenseinstellung ist zu empfehlen.

Was hilft Ihnen gegen Stress? Geben Sie Beispiele und erzählen Sie, was Sie aus den Medien wissen.

Ich persönlich habe die Erfahrung gemacht, dass der Stress durch/mit ... reduziert/abgebaut/verringert werden kann.
Ich habe selber mal erlebt, dass Müdigkeit/ Konzentrationsschwäche durch/mit ... bekämpft/bewältigt werden kann/muss.
Für mich ist ... besonders wichtig, denn ...
Neulich habe ich gelesen, dass der gestresste/müde/schlappe Körper/Organismus ... durch ... in Schwung gebracht / angekurbelt werden kann.
In einer Fernsehreportage über dieses Thema habe ich erfahren/gehört, dass Entspannung / innere Ruhe / Wohlbefinden / ... durch ... erzielt/erreicht werden kann.

Sie sollen eine CD mit Text und Musik für ein Entspannungs-Training vorbereiten. Welche Musik kommt in Frage? Sammeln Sie in Gruppen Vorschläge. Formulieren Sie den Text, durch den der Hörende eine Anleitung zum Entspannen bekommt. Lesen Sie im Plenum Ihre Texte vor und diskutieren Sie darüber.

Fantasy als Realitätsflucht

Mit Magie lässt sich viel Geld verdienen.

Fantasy-Filme und -Bücher boomen. Der Siegeszug der Harry-Potter-Bücher hat es gezeigt: Bücher von Fantasy-Autoren wie J. K. Rowling oder J. R. R. Tolkien haben eine riesige Anhängerschaft. Über Drachen, Riesen, Zauberer, Vampire lesen ist aufregend, spannend und entspannend zugleich. Aber steckt noch mehr dahinter? Warum ist das Fantasy-Genre so beliebt? Das Stichwort lautet Realitätsflucht.

Ersetzen Sie „*können* + Infinitiv“ durch Passiv-Ersatzformen.

Mit Magie kann man viel Geld verdienen.
Nicht nur Kinder, sondern auch Erwachsene kann man verzaubern.
Die Zuschauer kann man mit Spezialeffekten und bombastischen Massenszenen beeindrucken.
Das Lesen von Fantasy-Büchern kann man mit dem Träumen vergleichen.
Die Autoren können Kreaturen, ganze Welten und übernatürliche Dinge erzeugen.
Man kann die Menschen von ihrer unvollkommenen realen Welt ablenken.
Stress, Ärger oder Enttäuschung jeglicher Art kann man dabei vergessen.
Man kann die Leser in eine phantastische Welt versetzen.
Man kann eine Welt schaffen, in der alles möglich ist.
Mit Fantasy-Büchern kann man für bestimmte Zeit alle Probleme wegzaubern.
Man kann das manchmal öde Alltagsleben interessanter machen.
Die Fantasy-Welt kann die triste Realität ersetzen.

Sind Sie Fantasy-Fan? Haben solche Bücher/Filme Einfluss auf Menschen?

Ich lese/sehe ... (nicht) oft/gern/selten / gar nicht, denn ich lasse mich (nicht) gern in eine Fantasiewelt versetzen.
Dadurch, dass man solche Filme sieht / Bücher liest, lässt/lassen sich die Realität / das Leben / die Probleme / die Schwierigkeiten/... leichter vergessen/verdrängen.
Die Meinung, dass die Menschen sich durch diese Bücher/Filme ... lassen, stimmt nur zum Teil.

Sie sind Gastgeber einer Talkshow zum Thema „Wie gefährlich ist Fantasy?“ Einigen Sie sich in der Gruppe auf drei Gäste. Welche Themen und Probleme möchten Sie mit Ihren Gästen besprechen? Schreiben Sie eine Liste mit thematischen Schwerpunkten für Ihre Talkshow. Inszenieren Sie die Talkshows im Plenum.

Meiner Meinung nach lassen sich nicht alle Bücher verfilmen.

Buchverfilmungen

Man hört oft, dass Romanverfilmungen immer schlecht sind. Doch es gibt Bücher, zu denen der Film hervorragend gelungen ist.

Sind alle Bücher verfilmbar?
Sind sie 1 : 1 verfilmbar?
Sind die meisten Bücher eher adaptierbar, und zwar nur mit der gleichen Grundidee?
Sind alle Szenen und Ideen technisch realisierbar?
Ist die eine Kunst in jedem Fall in die andere transferierbar?
Sind alle literarischen Werke so einfach umsetzbar?
Sind zum Beispiel Gedichte im Film darstellbar?
Sind Bücher und Filme tatsächlich vergleichbar?
Ist jedes Buch durch einen guten Film ersetzbar und umgekehrt?

Formulieren Sie in einem Leserbrief Ihre Meinung. Beantworten Sie dabei möglichst viele Fragen.

Meiner Meinung nach lässt/lassen sich ... (nicht) immer ..., weil ...
Ich finde das auch/nicht, denn (nicht) jedes Buch lässt sich ...
Man darf aber/allerdings nicht vergessen, dass ...
Aus meiner Sicht sind ... für eine Verfilmung (gut/nicht) geeignet, denn ....
lässt/lassen sich perfekt / nur bedingt / gar nicht realisieren/umsetzen/ ...
Ein Abenteuerroman / Eine Tiergeschichte/ ... scheint mir weniger passend, denn ...
Im Grunde ist es nicht entscheidend, ob es sich um Buch oder Film handelt.
Hauptsache, es lässt/lassen sich ...

Sind Buchverfilmungen Zeit- und Geldverschwendung? Warum (nicht)?

Entwerfen Sie in Gruppen einen Kriterienkatalog für Regisseure und Filmproduzenten, mit dessen Hilfe beurteilt werden kann, ob Bücher als literarische Vorlage für einen Film geeignet wären. Präsentieren Sie Ihre Kataloge im Plenum und diskutieren Sie über die Gewichtung einzelner Kriterien.

Lernen – ein Problem?

Man sollte mit anderen über das Problem sprechen.
In dieser Situation würde ich den Nachbarn im Unterricht um Hilfe bitten.

Beim Erlernen einer Fremdsprache, vor allem, wenn man erwachsen ist, kann es immer wieder Schwierigkeiten geben. Man traut sich oft nicht, den Mund aufzumachen und Fragen zu stellen, weil man Angst vor Fehlern hat. Die Folge: schlechte Laune, Angst, Frustration. Die Psychologen wissen, was man in einer solchen Situation machen kann.

Geben Sie Tipps: Man könnte/ müsste/sollte ... An Ihrer Stelle würde ich ...

- mit anderen über das Problem sprechen
- den Nachbarn im Unterricht um Hilfe bitten
- aussprechen, was das Problem ist und wie man sich fühlt
- Ängste über Bord werfen
- mehr Fragen stellen, statt zu warten, bis der Lehrer etwas fragt
- sich mehr zutrauen
- in jeder Stunde mindestens zweimal etwas sagen
- ein Blatt Papier nehmen und Problemsituationen aufschreiben
- das Blatt später durchlesen und das eigene Verhalten analysieren
- Kontakte mit Muttersprachlern organisieren
- nicht warten, bis man eingeladen wird, sondern selbst einladen
- öfter ins Kino gehen und Freunde mitnehmen

Was raten Sie Bekannten, die Angst haben, Probleme am Arbeitsplatz anzusprechen? Notieren und vergleichen Sie.

Vielleicht könntest du ...
Wenn ich du wäre, würde ich ...
Du müsstest mal ...
Du solltest ...
An deiner Stelle würde ich ...

Jeder von Ihnen hat sicher schon einmal Probleme beim Lernen gehabt. Schreiben Sie Ihr Problem auf einen Zettel. Sammeln Sie die Zettel und verteilen Sie sie so, dass niemand seinen eigenen Zettel bekommt. Überlegen Sie, was Sie der Person raten würden, die ihr Problem auf dem Zettel beschrieben hat. Schreiben Sie Ihre Tipps auf. Besprechen Sie dann die Probleme und Ratschläge dazu in Gruppen.

HA

> Ich fände es richtig, wenn Erwachsene junge Leute stärker in das Alltagsleben einbeziehen würden.

Kriminalität bei Jugendlichen

In Deutschland sind Jugendliche erst mit 14 strafmündig, das heißt, sie können vor Gericht gestellt und bestraft werden. Aber die Statistik sagt, dass auch Kinder und Jugendliche unter 14 Jahren klauen, randalieren und gewalttätig werden. Viele fordern deswegen, das Strafmündigkeitsalter zu senken.

Ergänzen Sie den Konjunktiv II.

Andreas, 47: Ich finde das falsch. Man Sollte (sollen) Jugendliche besser betreuen. Es Wäre (sein) wichtig, dass es in Schulen und Jugendzentren interessante Freizeitangebote gäbe (geben). Ich fände (finden) es richtig, wenn Erwachsene junge Leute stärker in das Alltagsleben einbeziehen würden (einbeziehen). Wenn Jugendliche nicht so viel Freizeit hätten (haben), wenn sie sich in betreuten Jugendclubs oder Jugendzentren träfen (treffen), kämen (kommen) sie nicht auf dumme Gedanken.

Barbara, 26: Ich vermute, viele fänden (finden) es gut, wenn das Strafmündigkeitsalter auf 12 Jahre herabgesetzt würde (werden). Dann müssten (müssen) auch Kinder damit rechnen, dass ihre Taten juristische Konsequenzen hätten (haben).

Wolfgang, 51: Wenn man Kinder schon mit 11 oder 12 Jahren in eine geschlossene Erziehungsanstalt bringen würde (werden), könnte (können) das die Situation noch schlimmer machen. An Stelle der Polizei würde ich extra Jugendstreifen organisieren (organisieren). Dann gäbe (geben) es weniger Probleme. Die Jugendstreife sollte (sollen) über die Arbeit der Polizei aufklären und die Fragen der Jugendlichen beantworten. Mit Sicherheit trüge das dazu bei (beitragen), dass Gewalt und sonstige Straftaten gar nicht erst entstehen.

Wie stehen Sie zu diesem Problem? Notieren und vergleichen Sie.

Man / Die Polizei / Der Staat / Die Schule sollte/müsste ...
Ich fände es richtig/wichtig / absolut notwendig, wenn/dass ...
Es wäre gut/zweckmäßig/wünschenswert, ... zu ... / wenn ...
Ich hätte mehr/weniger ...
Wenn es ... gäbe, würden Kinder und Jugendliche ...

Wie ist die Situation in Ihrem Heimatland? Ab welchem Alter können Kinder bzw. Jugendliche in Ihrem Land vor Gericht gestellt und bestraft werden? Gibt es Diskussionen in der Presse oder im Fernsehen über die Herabsetzung bzw. die Heraufsetzung des Strafmündigkeitsalters? Was meint die Öffentlichkeit dazu? Schreiben Sie einen kurzen Bericht und präsentieren Sie ihn im Plenum. Beantworten Sie die Fragen dazu.

Traumfrau sucht Traummann

Ich hätte nichts dagegen, wenn er gut aussähe.

Liebe auf immer und ewig. Ein netter, lustiger, einfühlsamer Partner. Wer träumt nicht davon? Selbst wenn die Beziehung fast perfekt ist, gibt es immer noch etwas daran auszusetzen.

Beschreiben Sie Ihre(n) Traummann/Traumfrau.

Es wäre toll/schön, wenn ... / Ich würde mich freuen, wenn ...
Ich wäre froh, wenn ... / Ich hätte nichts dagegen, wenn, ... / Ich würde mir wünschen, dass ...

- Er/Sie sieht gut aus.
- Mit ihm/ihr verstehe ich mich gut (noch besser).
- Er/sie hilft (mehr) im Haushalt.
- Er/Sie ist immer für mich da.
- Ihm/Ihr kann ich vertrauen.
- Mit ihm/ihr kann ich über alles sprechen.
- Er/sie respektiert meine Interessen.
- Er/sie ist immer pünktlich.
- Er/Sie ruft mich jeden Tag an.
- Er/Sie schreibt mir ab und zu schöne Liebesbriefe.
- Er/Sie findet mich nett, attraktiv, lustig.
- Er/Sie versteht meine Probleme.
- Er/Sie hält zu mir, egal was passiert.
- Er/Sie gefällt meinen Eltern und meinen Freunden.
- Er/Sie verlässt mich nie.

Was erwartet Ihr Partner / Ihre Partnerin von Ihnen? Notieren Sie seine/ihre Wünsche und Vorstellungen. Entsprechen Sie ihnen?

Ich glaube, er/sie hätte nichts dagegen, wenn ich ... hätte/wäre/ginge/würde/...
Soviel ich weiß, wünscht er/sie sich, dass ich / unsere Kinder / meine Eltern ...
Ich denke, er/sie würde sich freuen, wenn ich (nicht) ... würde/könnte/müsste.
Ich nehme an / vermute, mein Partner / meine Partnerin wäre froh, wenn es mir gelänge / ich es schaffte, ... zu ...
Vermutlich wünscht sich mein/e Partner(in), ich wäre/hätte/würde ...

Machen Sie in Gruppen eine Umfrage zum Thema „Die wichtigsten Eigenschaften für eine glückliche, dauerhafte Beziehung". Stellen Sie Ihre Ideen und Meinungen in Form eines ironischen „Porträts" zusammen. Präsentieren Sie Ihre Porträts im Plenum.

Das Lernen ist zu anstrengend, als dass die Schüler Spaß daran hätten.

Schule: Träume und Albträume

Heutzutage gibt es heftige Debatten über das moderne Bildungssystem. Auch wenn in den letzten Jahren viel getan wurde, gibt es dennoch Probleme und Defizite, die es aufzuholen gilt.

Verbinden Sie die Sätze mit *als dass*.

Das Lernen ist zu anstrengend. Die Schüler haben keinen Spaß daran.
Die Ferien sind zu kurz. Man kann sich nicht richtig erholen.
Viele Lehrer sind zu streng. Die Schüler trauen sich nicht, Fragen zu stellen.
Der Unterricht ist praxisfremd. Die Schüler können nichts lernen, was sie wirklich brauchen.
Die Schulräume sind technisch sehr schlecht ausgestattet. Der Unterricht am PC ist nicht möglich.
Es gibt sehr viele Kinder in einer Klasse. Lehrer können nicht auf jedes Kind eingehen.
Der Lernstoff ist oft sehr abstrakt. Man kann ihn nicht behalten.
Es gibt sehr viele Hausaufgaben. Schüler haben keine Zeit für ihre Freunde und Hobbys.
Es gibt sehr wenige Möglichkeiten zum Diskutieren. Die Schüler können nicht lernen ihre eigene Meinung zu vertreten.
Viele Lehrer gestalten ihren Unterricht sehr formell. Die Kreativität wird dadurch nicht gefördert.
Fächer wie Musik oder Kunst werden sehr oberflächlich unterrichtet. Von einer guten Allgemeinbildung kann nicht die Rede sein.

Was denken Sie über das moderne Bildungssystem? Gibt es bei Ihnen Defizite im Bildungsbereich? Warum?

Das Bildungssystem / Der Bildungsetat / Die Finanzierung/
.... ist zu ... , als dass ... Darin sehe ich den Grund für ... (dafür), dass ...
Bei uns gibt es zu wenig/viel ..., als dass ...
Die Zahl der Schulen/Schüler/Lehrer ist zu hoch/gering, als dass man ...
Für viele ist die Schule / die Bildung / das Wissen ... zu ..., als dass ...

Sie nehmen an einer Talkshow zum Thema „Wie kann man die Qualität der Bildung erhöhen?" teil. Einigen Sie sich in den Gruppen auf drei Rollen: Lehrer, Schüler, Eltern. Welche Themen und Probleme möchten Sie besprechen? Schreiben Sie eine Liste mit thematischen Schwerpunkten für die Talkshow. Inszenieren Sie die Talkshows im Plenum.

TV- Serien

Viele tägliche Serien wirken auf die Zuschauer, als wären sie eine Droge.

Hippe Klamotten und Musik, dazu prominente Gaststars gehören zum Erfolgsrezept vieler TV-Serien. Vor allem aber jede Menge dramatische Verwicklungen um die smarten Helden, die sich verlieben, betrügen, verlassen und neu verlieben. Dazu gibt es noch Intrigen, Krisen und Krankheiten.

Ersetzen Sie das Unterstrichene durch Vergleichssätze.

Viele tägliche Serien wirken auf die Zuschauer wie eine Droge.
Manche kleben montags bis freitags am Bildschirm wie Süchtige.
Einige Menschen sehen täglich ihre Lieblingsserien wie ein Ritual.
Viele Zuschauer betrachten die Serienhelden wie ihre Freunde oder Verwandte.
Wenn die Serie ausfällt, regen sich einige Zuschauer auf wie über eine Katastrophe.
Die Helden tragen meistens super Klamotten und sind top gestylt wie Fotomodelle.
Sie reden über alles wie Fachleute.
In vielen Serien gehen die Helden mit dem Geld um wie Millionäre.
Einige Zuschauer verlieben sich in die Serienhelden wie in reale Menschen.
Es gibt fast immer ein Happy End wie im Märchen.

Was halten Sie von TV-Serien? Äußern Sie Zweifel über den künstlerischen und erzieherischen Wert.

Die meisten TV-Serien handeln von ..., als wäre das / wären diese Menschen ...
Die Story ist meistens so blöd/langweilig/romantisch/alltäglich/..., als wäre ...
Die Serienhelden tun so, als könnten/würden/müssten/hätten/wären sie ...
Es sieht so aus, als gäbe es / ginge es um ...
Oft sehen sie aus / sprechen sie / verhalten sie sich, als wären/hätten sie ...
Ich bezweifle, dass TV-Serien ...
Viele Menschen/Psychologen ... befürchten, dass ...

Machen Sie in Gruppen eine Umfrage zum Thema „TV-Serien – ja, aber welche?“. Stellen Sie die wichtigsten Informationen als Statistik oder Tabelle zusammen. Präsentieren Sie Ihre Ergebnisse im Plenum.

Es wäre besser, wenn der Staat sich um das Problem kümmern würde.

Strafe für Tierquäler

In vielen Staaten haben Tiere noch immer einen sehr geringen Stellenwert. Die Beziehungen zu Tieren sind oft ökonomischer Natur. Die Bemühungen von Tierschützern stoßen häufig auf Unverständnis bei den Menschen.

Ergänzen Sie den Konjunktiv II.

Petra, 63: Es __________ (sein) besser, wenn der Staat sich um das Problem __________ __________ (kümmern). Man __________ (sollen) den Tierschutz in die Verfassung aufnehmen. Dann __________ (sein) das Wohlergehen der Tiere eine wichtige politische Aufgabe. Das __________ (heißen), dass man da wirklich etwas unternehmen __________ (können).

Wolfgang, 45: Tierquälerei __________ (sollen) unbedingt bestraft werden. Nur Strafe allein bringt aber nichts. Wenn es Maßnahmen __________ (geben), die dem Tierquäler bewusst __________ (machen), was er tut, __________ (haben) wir weniger Fälle von Tierquälerei.

Beate, 18: Wenn die Politik das Problem nicht __________ (verschweigen), wenn die Presse öfter darüber __________ (berichten), __________ (geben) es vielleicht weniger Ignoranz in der Gesellschaft. Dann __________ (lassen) uns dieses Problem nicht kalt.

Anna, 38: Ich __________ (finden) empfindliche Geldstrafen angebracht, die man dann für Tierheime und Aufklärungsarbeit ausgeben __________ (sollen).

Was würden Sie tun, wenn ein Tier gequält wird? Was sollte der Staat / die Gesellschaft tun?

Wenn ich sehen würde, wie ein Tier gequält wird, würde ich ...
Wenn ich in so eine Situation geriete, würde ich versuchen / dafür sorgen ...
In einer solchen Situation sollte/könnte/müsste man ...
Wenn ich Augenzeuge einer Tierquälerei würde, ...
Es wäre wichtig, dass der Staat / die Gesellschaft / die Schule ...
Die Tierquäler sollten/könnten ...

Sie möchten eine Tierschutzinitiative gründen und Mitglieder werben, die sie zuerst von der Wichtigkeit Ihrer Idee überzeugen müssen. Erarbeiten Sie in Partner- bzw. Gruppenarbeit einen Text für eine Internetseite und stellen Sie Ihre Initiative vor. Präsentieren Sie Ihre Texte im Plenum.

Werbung: pro und contra

Melanie stört die Werbung nicht. Ohne Werbung könnte sie die Marken nicht kennen lernen. Sie bekäme keinen Überblick über neue Waren und könnte keine Zeit beim Einkaufen sparen.

Formen Sie die Texte um (Konjunktiv II).

Melanie, 27: Die Werbung stört mich nicht. Dabei kann ich die Marken kennen lernen. Ich bekomme einen Überblick über neue Waren und kann Zeit beim Einkaufen sparen.

Tobias, 37: Ich finde, wir haben viel zu viel Werbung. Ich habe ständig das Gefühl, dass meine Meinung manipuliert wird. Die Menschen geben mehr Geld aus, wenn sie ständig die Werbung sehen. Außerdem werden die Filme im Fernsehen ständig durch Reklame unterbrochen.

Erik, 31: Das mit der Werbung finde ich gut. Die meisten Produkte kommen so bei den Menschen besser an. Man ist einfach besser informiert. Man weiß, was es Neues auf dem Markt gibt, man gibt mehr Geld aus. Und das kommt letztlich unserer Wirtschaft zugute.

Christiane, 41: Die Werbung gehört einfach zu unserem Leben. Durch Werbung kann man die meisten Events doch erst finanzieren. Nur so gibt es Sponsoren. Und die Menschen müssen nicht noch mehr Eintritt zahlen, wenn sie zum Beispiel ins Kino oder in eine Ausstellung gehen.

Rosa, 62: Ich hasse Werbung. Die Menschen sind nicht frei in ihren Entscheidungen. Sie werden ständig bevormundet. Sie denken weniger nach und haben gar keine eigene Meinung mehr.

Welche Rolle spielt die Werbung? Wie stehen Sie dazu?

Ich finde, wir haben (eher) zu viel / zu wenig Werbung.
Die Werbung stört mich (nicht).
Ich wünschte, es gäbe weniger/mehr ... Werbung in ...
Es wäre vielleicht nicht schlecht/gut/hilfreich, wenn die Werbung ...
Ohne Werbung wäre unser Leben / die Wirtschaft / der Staat ...
Wenn es weniger Werbung gäbe, könnten/müssten/wären/hätten die Menschen ...

Es gibt im deutschen Fernsehen öffentlich-rechtliche TV-Sender, die wenig Werbung machen. Und nach 20 Uhr gibt es gar keine Werbespots mehr. Ein neuer Programmdirektor will diese Werbegrenze fallen lassen. Einigen Sie sich in Gruppen auf eine Position: für oder gegen werbefreies Fernsehen. Inszenieren Sie eine Talkshow zum Thema „Werbung im Fernsehen: pro und contra".

Powerfrauen sind Frauen, die im Beruf und im Leben an vorderster Front stehen.

Powerfrauen

„Sie ist eine richtige Powerfrau!" Das wird heutzutage von vielen Frauen behauptet. Was heißt es, eine Powerfrau zu sein? Ist das ein Kompliment oder steckt eher männliche Ironie dahinter? Welche Eigenschaften haben Powerfrauen?

Bilden Sie Relativsätze.

Powerfrauen sind Frauen, ...

- im Beruf und im Leben stehen sie an vorderster Front
- Männer fürchten sich manchmal vor ihnen
- manche männliche Kollegen misstrauen ihnen
- sie hören Männern zu, wenn Männer ein Problem haben
- mit ihnen kann man über alles reden
- sie sagen ihren männlichen Kollegen ehrlich ihre Meinung
- mit ihnen wollen Männer ihre Macht oft nicht teilen
- sie haben oft einen 12-Stunden-Arbeitstag
- ihnen ist Risikobereitschaft sehr wichtig
- sie halten die Zügel fest in der Hand
- vor ihnen haben auch männliche Kollegen viel Respekt
- sie haben sich einen Namen in ihrer Branche gemacht
- die Gesellschaft mutet ihnen oft zu viel zu

Was verstehen Sie unter Powerfrauen? Kennen Sie welche?

Powerfrauen sind (meiner Meinung nach) diejenigen, die/denen / mit denen / auf die ...
Ich glaube, Powerfrauen sind in der Regel Frauen, die / mit denen / deren ...
Ich kenne viele/einige Frauen, die / über die / für die ...
Powerfrauen haben Qualitäten/Eigenschaften, die / ohne die / mit denen ...

Notieren Sie auf Zetteln Eigenschaften, die Ihrer Meinung nach Powerfrauen charakterisieren. Besprechen Sie in Gruppen, was Sie gesammelt haben. Entwerfen Sie eine Geschichte zum Thema „Powerfrau". Schreiben Sie sich Stichpunkte auf. Erzählen Sie Ihre Geschichten im Plenum.

Demokratie geht uns alle an

Demokratie ist etwas, was uns alle angeht.

Was bedeutet uns Demokratie? Wie viel ist sie uns wert? Kann man Demokratie sehen oder spüren? Und was würden wir zur Verteidigung der Demokratie tun?

Ergänzen Sie die Sätze.

Demokratie ist etwas, ...
Demokratie ist das Wichtigste, ...
Zur Demokratie gehört vieles, ...
Für mich ist Demokratie alles, ...
Demokratie ist genau das, ...

- Demokratie geht uns alle an.
- Manchmal muss man die Demokratie verteidigen.
- Die meisten Menschen fühlen sich für die Demokratie nicht selbst verantwortlich.
- Für die Demokratie würde ich auf die Straße gehen.
- Demokratie ist für viele Menschen total selbstverständlich.
- Um Demokratie geht es normalerweise in den Wahlprogrammen der Politiker.
- Die meisten Menschen machen sich gar keine Gedanken über Demokratie.
- Wir haben uns an Demokratie gewöhnt.
- Über die Demokratie wird heutzutage nicht mehr viel diskutiert.
- Demokratie müssen wir alle erst lernen.
- Viel Selbstbewusstsein und soziales Engagement sind für die Demokratie notwendig.
- Wir sollten stolz auf unsere Demokratie sein.

In einer Demokratie sind Freiheit, Gerechtigkeit und Gleichberechtigung von großer Bedeutung. Was heißt das für Sie?

Freiheit ist etwas (Wertvolles), was/womit/wovon ...
Gerechtigkeit ist in unserer Gesellschaft das Wichtigste, wofür/wozu ...
Zur Freiheit gehört für mich vieles, was/worüber ...
Für mich bedeutet Gleichberechtigung alles, was/wovon/womit ...
Freiheit ist genau das, wonach/wozu/wofür ...

Ist Deutschland ein demokratisches Land? Was bedeutet den Deutschen die Demokratie? Wissen sie die demokratischen Errungenschaften überhaupt zu schätzen? Diskutieren Sie in Gruppen darüber und einigen Sie sich auf eine Meinung. Belegen Sie Ihr Statement mit Argumenten. Präsentieren Sie die Gruppenergebnisse im Plenum.

Das Einzige, woran ich mich erinnern kann, ist, dass alles so langweilig war.

Klassik heute

Ergänzen Sie die Relativpronomen.

Karina, 33: Klassische Literatur … Das hatten wir mal in der Schule. Das Einzige, ______________ ich mich erinnern kann, ist, dass alles so langweilig war. Bei den Klassikern gibt es nichts, ______________ man sich in der modernen Zeit identifizieren kann. Heutzutage braucht man etwas, __________ sich Menschen gerne beschäftigen, ______________ sie unmittelbar betrifft.

Stephan, 26: Klassische Literatur … Sie meinen Goethe und Schiller? Ich frage mich immer: Haben die Menschen nicht genug Schlimmes, ______________ sie sich Sorgen machen: Arbeitslosigkeit, Krieg, Elend. Wozu sollen sie da noch bei den Klassikern über Probleme lesen? Es gibt doch Wichtigeres im Leben, ______________ man heute sprechen soll.

Ruth, 19: Klassik – find ich gut! Die Klassische Literatur hat vieles, ______________ uns auch heute zum Nachdenken bringen kann. Nichts, ______________ die Klassiker mal geschrieben haben, ist veraltet.

Karl-Heinz, 59: Es gibt selbstverständlich einiges, ______________ wir heute schmunzeln. Aber die meisten klassischen Werke bieten vieles, ______________ wir heute noch lernen können. In diesen Bücher wird festgehalten, ______________ normalerweise so schnell an uns vorüberzieht.

Wie stehen Sie zu den Klassikern? Warum werden sie heute weniger gelesen? Kann man das ändern?

Ich finde, Klassik ist das Einzige/Schönste/Beste/Langweiligste, was Menschen / besonders Jugendliche …
Für die meisten Menschen ist ein klassisches Werk etwas, was/worüber/wofür sie …
Klassik ist etwas, was/wovon/womit …
Ein klassisches Buch hat in der Regel alles/vieles/nichts, was/wovon/wonach …
Ich wünschte, klassische Literatur wäre für die meisten Menschen etwas …
Ohne Klassik fehlte uns etwas, was …

Sie sind Gastgeber einer Talkshow zum Thema „Klassische Literatur: pro und contra“. Einigen Sie sich in der Gruppe auf drei Gäste. Sprechen Sie über Schwierigkeiten, klassische Literatur besonders bei jungen Menschen beliebt zu machen. Suchen Sie nach Lösungen. Inszenieren Sie die Talkshows im Plenum.

Bis gleich im Café!

Für viele ist das Café ein Ort, wohin sie gerne gehen und wo sie sich wohl fühlen.

Kaffeeduft, leise Musik, Plüschsofas – all das inspiriert zu außergewöhnlichen Ideen. Deshalb sind früher auch viele berühmte Menschen zum Schreiben ins Café gegangen.

Ergänzen Sie *was, wo, wohin.*

Für viele ist das Café ein Ort, __________ sie gerne gehen und __________ sie sich wohl fühlen. Die Hände an einer Tasse heißem Milchkaffee wärmen, einen großen Schluck nehmen, die Augen schließen – das ist etwas, __________ die meisten Leute an einem Café mögen. Das Café ist ein Ort, __________ man zum Zeitunglesen, Briefeschreiben oder um Freunde zu treffen geht. Die besondere Atmosphäre ist etwas, __________ man nicht unterschätzen darf. Oder man ergattert einen Platz am Fenster, __________ man einfach sitzt und die vorbeilaufenden Menschen beobachtet.
Die meisten wollen sich einfach ausruhen. Von der Arbeit, vom Alltag, vom Shoppen – von allem, __________ unser Leben so hektisch macht. Das Café ist ein Ort, __________ sich besonders junge Leute wie zu Hause fühlen. Es gibt aber vieles, __________ zum Beispiel auch ältere Leute ganz besonders schätzen.
Der perfekte Ort, __________ es viele Menschen zieht, muss mit äußerster Sorgfalt ausgesucht werden. Doch nicht in jedem Café, __________ es einen Cappuccino gibt, stimmt auch sonst alles. Es muss ein Sofa geben, __________ es sich bequem sitzt. Außerdem ist ein Café keine Disco, __________ getanzt wird. Die Musik darf nicht zu laut sein und es darf auch sonst nichts geben, __________ ein vertrauliches Gespräch stören könnte. Und der Kaffee muss schmecken! Also, wir sehen uns dann im Café!

Was ist Ihr Lieblingsplatz?

... ist der Ort, wo ich ganz für mich allein sein kann / nicht gestört werde / meine Ruhe habe / viel Zeit verbringe ...
... ist der Platz, wohin ich mich am liebsten zurückziehe / nur wenige Leute kommen / ich immer wieder gern hinkomme ...
.... ist das Schönste/Beste an dem Ort / genau das, was ...
Besonders gefallen mir Parks/Kinos/Bibliotheken/Restaurants/..., wo man/ich ...

Sie haben ein Café eröffnet, das Stil und ein gewisses Flair hat. Nun wollen Sie potentielle Kunden ansprechen. Schreiben Sie in Gruppen eine Anzeige für die Zeitung. Was bieten Sie in Ihrem Café an und was erwarten Sie von Ihren Kunden? Welche Lebenseinstellung sollen sie mitbringen? Vergleichen Sie Ihre Anzeigen im Plenum.

> Wer nur Ausreden parat hat, (der) setzt seine Ideen nicht in die Tat um.

Motivation = Erfolg

Arbeiten oder Lernen ohne Motivation ist schwierig. Und vor allem: Es macht keinen Spaß! Der stellt sich nämlich nur bei einem Mindestmaß an Eigeninitiative und Motivation ein. Wer Spaß an einer Sache hat, lässt sich wiederum leichter motivieren. Und nur wer motiviert ist, hat Erfolg.

Bilden Sie Relativsätze mit *wer, wem, wen, wessen*.

Hat jemand nur Ausreden parat? – So setzt er seine Ideen nicht in die Tat um.
Wird jemand nur von außen motiviert? – So hat er wenig Chancen auf Erfolg.
Gelingt es jemandem, äußere Motive in innere zu verwandeln? – So schafft er echte Motivation.
Hat jemand Spaß an einer Sache? – So lässt er sich schneller motivieren.
Sind die Ziele klar und deutlich formuliert? – So entscheidet man sich leichter.
Hört jemand auf die Meinung anderer? – So hat er mehr Angst zu versagen.
Will jemand seine Stärken richtig einsetzen? – So muss er sie erst herausfinden.
Gefällt jemandem seine Arbeit? – So hat er mehr Erfolg.
Mag jemand Herausforderungen? – So hat er keine Angst vor schweren Aufgaben.
Gelingt jemandem sein Job? – So ist er stärker motiviert.

Wie kann man sich beim Sprachenlernen selbst motivieren? Welche Fehler kann man machen?

Motivation ist sehr wichtig/unwichtig. Denn nur wer motiviert ist, ...
Wer Spaß/Freude am Lernen / an der Arbeit hat, ...
Wem das Lernen/Sprechen/ ... (keinen) Spaß macht, ...
Wem das Lernen/Pauken leicht/schwer fällt, ...
Wen das Neue interessiert/reizt/herausfordert, ...

Um Motivation und Lernbereitschaft der Studenten zu erhöhen, will man in Hörsälen und Seminarräumen, aber auch anderswo (z. B. in der Mensa) kurze Slogans oder Sprüche anbringen. Sammeln Sie in Gruppen Ideen und Vorschläge. Präsentieren Sie Ihre Ergebnisse im Plenum und beantworten Sie Fragen.

> Es gibt Probleme, deren Lösung unsere ganze Kraft erfordert.

Raumforschung = Geldverschwendung?

Viele Milliarden Euro kostet uns jährlich die Erkundung des Alls. Damit könnte man Tausende von Kindergärten bauen oder das Geld in die Bekämpfung der Arbeitslosigkeit stecken. Warum also Geld für die Raumfahrt ausgeben?

Ergänzen Sie die Relativpronomen im Genitiv.

Bernd, 33: Die Erschließung des Alls ist ein Traum, ______________ Realisierung jährlich Millionen US Dollar kostet. Schön und gut, aber so viel Geld ausgeben für Informationen, ______________ praktischer Nutzen so gering ist?

Silvia, 43: Es gibt sinnvollere Gebiete, ______________ Erschließung mehr praktischen Nutzen verspricht. Und es gibt Probleme, ______________ Lösung unsere ganze Kraft erfordert.

Anton, 28: Telefon, Satellitenfernsehen, Radio, Handy usw. – all die Geräte, ______________ tägliche Benutzung für uns zur Normalität geworden ist, wären ohne Raumforschung kaum denkbar.

Christoph, 61: Es gab viele Forschungen, ______________ Nutzen man am Anfang nicht sah und ______________ Bedeutung sich dann doch als entscheidend herausstellte. In Bereichen wie Kommunikation und Klimaforschung, ______________ direkter praktischer Einfluss auf unser Leben unbestritten ist, liefe ohne Satelliten gar nichts.

Was wissen Sie über das Thema? Welche Gebiete sollen finanziell stärker gefördert werden? Warum?

Meiner Meinung/Ansicht nach ist die Raumforschung ein Gebiet/Bereich, dessen Bedeutung/Rolle/Wichtigkeit ...
Die Erde gehört zu den Planeten, deren Ressourcen/Bestände ...
Der Mond / Die Venus / Der Mars ist ein Planet, dessen Erforschung ...
Es gibt (andere) Gebiete/Wirtschaftszweige, deren Erschließung/Entwicklung/ ...
Täglich liest/hört man über Probleme, deren Lösung ...

Machen Sie in Gruppen eine Umfrage zum Thema „Raumforschung = Geldverschwendung?". Stellen Sie die wichtigsten Informationen als Statistik oder Collage zusammen. Präsentieren Sie Ihre Ergebnisse im Plenum.

Man kann in seinem Umfeld etwas erreichen, indem man sich engagiert. / Man kann dadurch etwas erreichen, dass man sich engagiert.

Sich engagieren ist „in“

In einem Lied heißt es: „Wir müssen was bewegen, sonst bewegt sich nichts. Es geht nicht nur um dein Leben, sondern ob es ein Leben ist.“. Nicht wegschauen, aktiv werden, mitmachen! Sich engagieren ist wieder „in“.

Antworten Sie auf die Fragen mit *indem, dass* ... oder *dadurch, dass* ...

Wie kann man in seinem Umfeld etwas erreichen? (sich engagieren, aktiv werden und sich einmischen, auf die Straße gehen und demonstrieren)
Wie können die Menschen Zivilcourage zeigen? (ihre Meinung offen sagen, sich für Schwächere einsetzen, ihre Bürgerpflicht erfüllen und wählen gehen)
Wie kann das politische Selbstbewusstsein der Menschen geschärft werden? (mehr über Politik reden)
Wie können Menschen das gesellschaftliche Leben mitgestalten? (in einem Verein oder einer Bürgerinitiative aktiv sein, in eine Partei eintreten)
Wie kann man Verantwortung für sein Land zeigen? (sich politisch informieren, seine Meinung offen sagen)
Wie können Menschen Demokratie in ihrem Land verteidigen? (Farbe bekennen, nachdenken und selber entscheiden, was wichtig ist)

Was spricht für oder gegen eine aktive, engagierte Lebenseinstellung? Äußern Sie auch Zweifel.

Das Argument, dass das politische/soziale/ökologische/... Engagement ... stimmt nur zum Teil.
Viele Menschen engagieren sich, indem sie ... Aber ich bin nicht sicher, ob ...
Man kann etwas bewegen/verändern, indem man ... Aber ich bezweifle, dass ...
Ich glaube nicht, dass ...
Viele Menschen fragen sich, ob sie etwas erreichen, indem sie ...
Es gibt die Meinung, dass ... Dem / Dieser Meinung kann ich mich nicht ganz / nur teilweise / nur bedingt anschließen.
Auch die Schule/Presse / das Fernsehen versucht ... zu ..., indem sie/es ...
Aber ich halte das für problematisch / nicht richtig.

Eine Lokalzeitung hat ihre Leser um ihre Meinung zum Thema „Sich engagieren ist *in*“ gebeten. Schreiben Sie eine kurze Reportage für die Zeitung und führen Sie konkrete Beispiele an. Gehen Sie auf die Gründe ein, warum Menschen sich engagieren bzw. passiv bleiben. Präsentieren Sie ihre Reportagen im Plenum.

Misserfolge machen stark

Man verarbeitet Misserfolge schneller, indem man sie annimmt und das Positive dahinter sucht.

Niederlagen muss jeder mal einstecken. Aber man sollte sich auf keinen Fall davon unterkriegen lassen. Im Gegenteil: Misserfolge können stark machen.

Bilden Sie Sätze wie im Beispiel.

Misserfolg schneller verarbeiten – sie annehmen und das Positive dahinter suchen
siegen lernen – an seine Stärken glauben
Misserfolge leichter wegstecken – nach den Gründen suchen
sich wenig helfen – in Selbstmitleid verfallen
sich selbst schaden – Misserfolge vertuschen
Respekt ernten – offen sagen: „Ich hab's verbockt."
einen Fehler begehen – sich ins Schneckenhaus verkriechen und sich klein machen
neue Misserfolge vermeiden – sich in Ruhe überlegen, was wirklich hinter dem Misserfolg steckt

Ihr Freund / Ihre Freundin hat vergeblich von einem interessanteren Job im Büro geträumt. Bauen Sie ihn/sie mit ein paar Tipps auf.

Nimm dir vor, in Zukunft ... zu ..., indem du ...
Steh offen zu deinem Misserfolg, indem du ...
Setz dich mit dem Geschehenen auseinander, indem du ...
Sei ehrlich zu dir selbst, indem du ...
Versuch die Sache anders anzugehen, indem du ...
Wehr dich gegen ..., indem du versuchst, ... zu ...
Beweise deinem Chef, was du drauf hast, indem du ...
Tanke Kraft und Selbstwertgefühl, indem du ...
... sachlich bleibst / den Kopf nicht in den Sand steckst / nach den Gründen suchst / herausfindest, was/warum/wie ...

Viele Menschen können mit ihren Misserfolgen nicht richtig umgehen und fallen in ein tiefes Loch. Sie wollen eine Selbsthilfegruppe organisieren: „Durch Misserfolge zum Erfolg". Formulieren Sie in Partner- oder Gruppenarbeit eine Anzeige für die Zeitung. Präsentieren Sie die Anzeigen im Plenum. Vergleichen Sie im Plenum.

- Wie stärke ich mein Selbstwertgefühl?
  - Indem du dich an deine Erfolge erinnerst.

Mehr Selbstbewusstsein

Viele Menschen wünschen sich mehr Selbstbewusstsein. Aber wie erreicht man die Sicherheit und Souveränität, die zum Erfolg führt?

Spielen Sie die Dialoge durch.

- ▶ das Selbstwertgefühl stärken (durch Erinnerungen an die Erfolge)
- ▶ das Selbstbewusstsein aufbauen (durch die Pflege der Talente und Hobbys)
- ▶ Sympathien gewinnen (durch das Eingeständnis von Schwächen und Fehlern)
- ▶ mehr Selbstverstrauen erhalten (durch die Setzung von Etappenzielen)
- ▶ Niederlagen leichter wegstecken (durch vertrauensvolle Gespräche mit Freunden)
- ▶ karrieremäßig besser vorankommen (durch das Wegstecken von Niederlagen)
- ▶ sich in Krisensituationen helfen (durch die Analyse der eigenen Schwächen und Stärken)
- ▶ das Selbstbewusstsein powern (durch eine Runde Joggen)
- ▶ das Vertrauen in die eigenen Leistungen stärken (durch den kritischen Umgang mit eigenen Fehlern)
- ▶ innere Sicherheit gewinnen (durch die Pflege alter Freundschaften und die Suche neuer Kontakte)
- ▶ selbstbewusst auftreten (durch die konsequente Umsetzung eigener Ideen)

Zu welchem Verhalten neigen Sie in Krisensituationen? Kann man sein Selbstbewusstsein stärken? Äußern Sie auch Zweifel.

In Krisensituationen / Bei Niederlagen/Misserfolgen bin/habe ich ...
Viele Menschen stärken ihr Selbstvertrauen/Selbstbewusstsein/Selbstwertgefühl, indem sie ...
Generell gilt: Selbstkritik ja, Selbstmitleid nein, aber ...
Einige versuchen ... zu ..., indem sie ... Aber ich bin nicht ganz sicher, ob ...
Die Psychologen behaupten, dass man ..., indem man ... Aber ich frage mich, ob/warum/was ...
Viele sagen, dass ... Aber ich glaube nicht, dass man sich selbst hilft, indem man ...

Machen Sie in Gruppen Interviews zum Thema „Wie stärke ich mein Selbstbewusstsein?“ Präsentieren Sie die Ergebnisse in Form von fiktiven Geschichten und stellen Sie die Geschichten im Plenum vor.

Dampf ablassen, aber richtig!

Ein Streit kann ein Ventil sein und die Beziehung retten, ohne dass die Partner die Nähe und das Vertrauen zueinander verlieren.

Man kann nicht ewig nachgeben und den Frust runterschlucken, bloß um keinen Fehler zu begehen und keinen Stress zu bekommen. Offen ausgetragene Meinungsverschiedenheiten klären Einiges und tun manchmal richtig gut.

Ersetzen Sie die unterstrichenen Wendungen durch Nebensätze mit *ohne dass*.

Ein Streit kann ein Ventil sein und die Beziehung ohne Vertrauensverlust retten.
Man soll Meinungsverschiedenheiten offen und ohne Stress austragen.
Man muss immer wieder Dinge ohne Streit klären.
Menschen müssen rechtzeitig und ohne große Szenen mit Problemen fertig werden.
Die Beziehung muss ohne Missverständnisse funktionieren.
Man kann auch ohne Frust ab und zu mal nachgeben.
Bei Problemen soll man miteinander ohne Verletzungen reden.
Im Idealfall soll man nicht ohne Kompromissmöglichkeiten oder Versöhnungsaussichten streiten.
Man sollte Probleme ohne heftige Auseinandersetzungen klären, sobald sie anfallen.
In Krisensituationen hilft ein vernünftiges Gespräch ohne Beleidigungen.
Man kann jemandem so richtig die Meinung sagen, aber ohne Aggressivität.
Die meisten Beziehungen sind ohne Meinungsunterschiede und kleine Reibereien nicht möglich.
Eine sachliche Auseinandersetzung mit Problemen ohne gegenseitige Beleidigungen kann eine Beziehung retten.

Ihr Freund / Ihre Freundin ist harmoniesüchtig. Überzeugen Sie ihn/sie davon, sich mit dem Partner auszusprechen.

Man soll ab und zu / kann ruhig ... ohne dass es gleich Streit/Stress gibt.
Es ist notwendig/wichtig / nicht schlimm, ... zu ..., ohne dass die Beziehung / das Gespräch in Chaos / einen Streit ausartet.
Stell deinen Partner zur Rede, ohne dass du/ihr gleich ...
Denk noch einmal über ... nach, ohne dass du gleich ...

Sie sind Gastgeber einer Talkshow zum Thema „Meinungsverschiedenheiten – kein Grund zur Trennung". Einigen Sie sich in der Gruppe auf drei Gäste. Welche Themen und Probleme möchten Sie mit Ihren Gästen besprechen? Schreiben Sie eine Liste mit thematischen Schwerpunkten für Ihre Talkshow. Inszenieren Sie die Talkshows im Plenum.

Das Leben wurde interessanter dadurch, dass man Computer einsetzt.

Computer: pro und contra

Ersetzen Sie die unterstrichenen Wendungen durch Nebensätze.

pro

Durch die Erfindung des Computers wurde eine richtige Informationsrevolution ausgelöst.

Durch den Computereinsatz wurde das moderne Leben dynamischer und interessanter.

Durch die Visualisierung per Computer kann man Prozesse anschaulicher darstellen.

Durch die Vernetzung mit der ganzen Welt koordiniert man die globalisierte Wirtschaft.

Durch die Veröffentlichung von Daten und Informationen im Internet werden sie auch einem breiteren Publikum bekannt.

Durch das Chatten mit Menschen aus aller Welt kann man neue Freunde finden.

contra

Durch die ausschließliche Computernutzung werden oft das Lesen und Schreiben sowie künstlerische Leistungen beeinträchtigt.

Durch das Bereitstellen vieler Bilder wird die eigene Kreativität behindert.

Durch die übermäßige Nutzung von Computern werden kulturelle Angebote kaum noch wahrgenommen.

Durch den breiten Computereinsatz wird die Kommunikation von Angesicht zu Angesicht immer mehr verdrängt.

Welche Auswirkungen hat die immer stärkere Präsenz der Computer auf unser Leben? Äußern Sie auch Zweifel und Befürchtungen.

Der breitere Einsatz von Computern ist / hat zur Folge / führt dazu, dass ...
Die Zahl ... ist gestiegen/gesunken. Das macht mir Angst.
Die Tatsache, dass ... macht mir Sorgen.
Viele/Einige / Die meisten Menschen befürchten eine Verschärfung der Situation / eine Computersucht besonders unter ... Dadurch, dass ..., ...
Ich fürchte (auch), dass besonders junge Leute / Jugendliche/Kinder ...
Ich finde es Besorgnis erregend, dass ...

Sammeln Sie in Gruppen Informationen und Argumente pro und contra Computerspiele für Kinder und Jugendliche. Schreiben Sie einen Appell an Eltern, Lehrer und Institutionen, die für Kinder- und Jugendarbeit zuständig sind. Halten Sie eine kurze Rede im Plenum.

Schluss mit Horrorfilmen und Thrillern!

Ich finde (nicht), dass man etwas gegen das Unrecht tut, indem man sachlich darüber informiert.

Grausame Bilder über Kriege, Verbrechen, Folter in den Medien, aber auch Morde und Gewalt in Horrorfilmen und Psychothrillern – das alles kann einerseits abstumpfen, andererseits die Gewaltbereitschaft fördern.

Sagen Sie Ihre Meinung.

- etwas gegen das Unrecht tun – darüber sachlich informieren
- zum Mittäter werden – Verbrechen geheim halten
- den Menschen die Augen öffnen – objektiv über das Weltgeschehen berichten
- den Menschen einen Bärendienst erweisen – die Wahrheit verbergen und die Realität verschönern
- sein Gewissen zu beruhigen versuchen – schreckliche Bilder mit Absicht vermeiden
- sich schreckliche Bilder in Spielfilmen ersparen – solche Filme erst gar nicht anschauen
- Lebenserfahrungen sammeln – die Wirklichkeit nicht durch die rosarote Brille sehen
- abstumpfen – täglich über Mord und Verbrechen lesen
- Depressionen und psychische Probleme können verstärkt werden – Gewalt und Mord im Kino zeigen
- besonders junge Menschen verwirren – ihnen den Tod von Menschen zeigen
- Schuldgefühle provozieren – die schreckliche Realität präsentieren
- junge Menschen aufklären – auf die Gefahren der modernen Welt hinweisen

Sehen Sie oft/gern Thriller und Horrorfilme? Sollte man den Anteil solcher Filme reduzieren? Warum (nicht)?

Ich sehe (nicht) oft/gern/selten/nie ...
Ich bezweifle / bin nicht sicher, ob die Menschen ..., indem / wenn sie solche Filme sehen.
Ich würde empfehlen/vorschlagen, dass ....
Dadurch, dass man solche Filme sieht, kann/wird/hat/ ... man ... Deshalb hielte ich für das Beste, ... zu ...
Die Meinung, dass diese Filme ... stimmt nur zum Teil.
Ich frage mich, ob es nicht besser wäre, wenn ...

Was sollte man bei der Gestaltung des Fernsehprogramms berücksichtigen? Welche Sendungen/Filme sollte man verstärkt zeigen, auf welche eher verzichten? Schreiben Sie in Gruppen Empfehlungen und Vorschläge für die öffentlichen Fernsehsender und präsentieren Sie Ihre Texte im Plenum.

Dadurch, dass wir täglich E-Mails verschicken und erhalten, erhöht sich das Risiko, dass wir uns einen Virus einfangen.

Gefahren aus dem Netz

Der Kühlschrank mit Online-Anschluss ist bereits auf dem Markt. Moderne Bordelektronik lotst Autos am Stau vorbei. Online-Banking, online einkaufen und Flüge buchen, alles stressfrei von zu Hause aus. Doch wer ist schuld, wenn der Kühlschrank eines Tages 10 000 Pizzen bestellt und das Sicherheitssystem im Haus versagt?

Durch die wachsende Abhängigkeit, die Allgegenwart und die Unsichtbarkeit der Technik entzieht sich ein großer Teil des Alltagslebens faktisch unserer Kontrolle.

Durch die immer stärkere Vernetzung steigt die Internet-Kriminalität.

Durch das tägliche Verschicken und Erhalten von E-Mails erhöht sich das Risiko, sich einen Computervirus einzufangen

Durch die einfache Handhabung von Online-Diensten verlieren die Menschen den Überblick.

Durch die totale Vernetzung des Alltags wird der Datenschutz gefährdet.

Durch die totale Vernetzung unseres Lebens können Unfälle und Chaos verursacht werden.

Durch das Auftreten eines einzigen Fehlers in der Software kann die Gesundheit eines Menschen gefährdet werden, z. B. in der Medizin oder in der Energieversorgung.

Durch den Ausfall eines Online-Systems kann ein enormer finanzieller Schaden entstehen.

Durch die Entwicklung von neuen Technologien wächst die Befürchtung vor Überwachung und digitaler Bevormundung.

Ersetzen Sie die unterstrichenen Wendungen durch Modalsätze mit *dadurch, dass ...*

Dadurch, dass es immer mehr/öfter ... gibt, hat sich mein Leben/Alltag komplett / überhaupt nicht verändert.
Ich habe mehr Freizeit/Stress/Probleme/Sorgen dadurch, dass ...
Mein Lebensstandard hat sich (wesentlich/kaum) erhöht dadurch, dass ...
Mein Alltag/Leben wird/wurde entlastet/erleichtert dadurch, dass ...
Ich fühle mich benachteiligt/diskriminiert dadurch, dass ...
Dadurch, dass der technische Fortschritt / die Technisierung unseres Lebens so schnell voranschreitet, entstehen für mich Vorteile/Nachteile/Probleme/ ..., und zwar ...

Wie beeinflusst die ständig zunehmende Technisierung Ihr Leben / Ihren Alltag? Notieren und vergleichen Sie.

Ein Wirtschaftsmagazin hat seine Leser um ihre Meinung zum Thema „Technisierung und Computerisierung des Alltags" gebeten. Schreiben Sie einen Leserbrief an die Zeitung, präsentieren Sie Ihre Briefe im Plenum.

Urlaubsgefühle im Alltag

Lassen Sie das Urlaubsvergnügen wieder aufleben, indem Sie in ein Schwimmbad in Ihrer Nähe gehen.

Hatten Sie einen schönen Urlaub? Schwimmen vor dem Frühstück, Spaziergänge am Strand und zu jedem Essen frischen Salat und Obst – da kann man sich schon erholen. Doch leider ist es mit den guten Urlaubsgewohnheiten nach den Ferien meist schnell wieder vorbei.

Verbinden Sie die Sätze mit *indem*.

Lassen Sie das Urlaubsvergnügen wieder aufleben. Gehen Sie in ein Schwimmbad in Ihrer Nähe.
Nutzen Sie den Schwung, den Sie aus dem Urlaub mitgebracht haben. Setzen Sie die guten Vorsätze gleich um.
Ernähren Sie sich so gesund wie im Urlaub. Kochen Sie gesunde Rezepte aus Ihrem Urlaubsland nach.
Holen Sie Ihr Urlaubsfeeling in den Alltag. Organisieren Sie ein tolles Frühstück mit viel Obst und frischen Säften.
Schaffen Sie Abstand vom Alltagsstress. Probieren Sie neue Gerichte aus, die Ihnen im Urlaub so gut geschmeckt haben.
Schwelgen Sie ruhig ab und zu in schönen Urlaubserinnerungen. Schauen Sie sich Urlaubsfotos an.
Schaffen Sie bei sich zu Hause eine romantische Urlaubsatmosphäre. Hören Sie die aus dem Urlaub mitgebrachten CDs.
Erleichtern Sie sich die Rückkehr in den Alltag. Erledigen Sie in den ersten Tagen nicht alles Liegengebliebene auf einmal.
Lassen Sie es langsam angehen! Planen Sie nach jedem Urlaub zwei oder drei Puffertage ein.

Ihr Freund / Ihre Freundin kann nicht in Urlaub fahren. Geben Sie ihm/ihr Tipps, wie man den Urlaub nach Hause holen kann.

Sorge bei dir zu Hause für Urlaubsstimmung, indem du ...
Hol das Urlaubsgefühl nach Hause, indem du ...
Lass dich verwöhnen, indem du ...
Lass es dir gut gehen, indem du ...
Genieße ..., indem du öfter mal ...
Entspann dich / Tanke neue Energie, indem du ab und zu mal ...

Sie bereiten ein Seminar zum Thema „Geld sparen und dabei den Urlaub genießen" vor. Einigen Sie sich in Gruppen auf Schwerpunkte und schreiben Sie einen Ratgeber. Präsentieren und vergleichen Sie Ihre Ergebnisse im Plenum.

Während es früher viele Großfamilien gab, haben die Familien von heute oft nur ein Kind.
Früher mussten viele Kinder arbeiten.
Heute dagegen ist das verboten.

Familie – damals und heute

Nehmen Sie Stellung zu den folgenden Stichwörtern. Vergleichen Sie.

Familie damals
vorhersehbar
Großfamilie
Kinderarbeit
Armut und Not
patriarchalische Strukturen
häusliche Erziehung
Hausfrau
Ruhe und Geborgenheit
Mann als Alleinverdiener

Familie heute
Scheidungen
Hausmann
Urlaub im Süden
Patchworkfamilie
Kleinfamilie
Kindergeld
Kindertagesstätten
Babysitter

Wie ist die Situation in Ihrem Land? Hat sich in den letzten Jahrzehnten viel verändert? Erzählen Sie, vergleichen Sie.

Bei uns leben viele / nur wenige Menschen in Großfamilien, während früher / noch vor ein paar Jahren/Jahrzehnten ...
Immer mehr/weniger Menschen gründen eine Familie, früher dagegen ...
Im Gegensatz zu ... steigt/sinkt die Zahl der Kinder/Scheidungen/Ehen/...
Im Gegensatz zu früher / anderen Ländern/ ...
Heutzutage ist es (nicht) üblich, ... zu ... Früher dagegen ...
Es ist durchaus üblich / nicht üblich, ... zu ..., aber/doch ...

Wie sieht die Situation bei Ihnen aus? Was hat sich im Vergleich zu früheren Generationen verändert? Machen Sie in Gruppen Interviews und notieren Sie Stichpunkte. Fassen Sie die Ergebnisse in einer Tabelle zusammen. Präsentieren Sie sie im Plenum.

Inlineskating in der Stadt: ja oder nein?

> Im Gegensatz zu anderen Sportarten ist das Inlineskating zurzeit sehr beliebt.

Eine Lokalzeitung hat die Ergebnisse einer Meinungsumfrage zum Thema „Inlineskating: pro oder contra“ veröffentlicht. Schreiben Sie einen Leserbrief.

pro

1. Inlineskating ist zurzeit sehr beliebt und wird als Freizeitsport von vielen Menschen ausgeübt.
2. Inlineskates kann sich jeder leisten, der Sport ist relativ billig.
3. Inlineskating macht Spaß, Bewegung stellt einen idealen Ausgleich in unserer modernen Arbeits- und Lebenswelt dar.
4. Inlineskating ist gesund, besonders Stoffwechsel und innere Organe werden angeregt.
5. Inlineskating formt die Figur: Abnehmen mit Inlineskating ist leicht, da eine hohe Intensität im Fettverbrennungsstoffwechsel bei einer Dauer von 30 Minuten von jedermann erreicht werden kann.
6. Inlineskating ist eine Sportart mit relativ geringer Belastung für die Gelenke.

contra

1. Die Unfallgefahr ist sehr hoch.
2. Inlineskater müssen mit Fußgängern den Bürgersteig teilen, Fußgänger werden gefährdet, manchmal verletzt.
3. Manchmal weichen Skater auf Autostraßen aus und behindern so den Verkehr.
4. Moderne Inlineskates kosten teilweise über 150 Euro, auch Zubehör ist nicht billig.
5. Hohe Verkehrsdichte oder Wegebeschränkungen lassen wenig Freiraum für Skater.
6. Inlineskating im erwachsenen Alter zu erlernen ist nicht ganz leicht.

Soll man diesen Sport in der Stadt verbieten oder fördern?

Man sollte Inlineskating in der Stadt verbieten/fördern, denn im *Gegensatz* zu anderen Sportarten ...
Inlineskater auf der Straße finde ich völlig o. k. / nicht akzeptabel, *aber/doch* ...
Ich glaube, Skater sollen/können/dürfen auf dem Bürgersteig / auf der Fahrbahn / (nur) in Parks fahren, *während* ...
Im *Gegensatz* zu Fahrradfahrern/Autofahrern/Fußgängern / anderen Sportlern/ ..., sind/haben/tun ... Inlineskater ...

Zum Thema „Inlineskating in der Stadt: ja oder nein?“ findet eine Veranstaltung statt. Nehmen Sie daran teil? Warum? Welche Einstellung vertreten Sie? Schreiben Sie eine kurze Stellungnahme, in der Sie Ihre Position darstellen, und tragen Sie sie im Plenum vor.

> Früher war die allgemeine Einstellung zur Jugendsprache eher abwertend, in letzter Zeit dagegen wird sie fast schon „salonfähig".

Jugendsprache: ja oder nein?

Ist das der Niedergang der deutschen Sprache? Junge Leute schaffen sich ihre eigenen Wörter, Es gibt sogar extra Wörterbücher für Eltern und Lehrer, die „null checken". Aber Vorsicht: Was heute ultra-in ist, ist morgen vielleicht schon mega-out!

Ergänzen Sie *dagegen, im Gegensatz zu, während*.

Früher war die Einstellung der Erwachsenen zur Jugendsprache eher abwertend, in letzter Zeit ______________ wird sie fast schon „salonfähig". ______________ die Jugendsprache früher als „Denkfaulheit" galt, betrachten die meisten Eltern und Lehrer die Jugendsprache von heute als Zeichen von Zugehörigkeit und Identität unter Jugendlichen. Früher kritisierte man Ausdrükke wie „abgefahren", „cool", „geil", heute sind sie ______________ Teil der modernen Umgangssprache. ______________ der Standardsprache sind jugendliche Sprechweisen meistens kurzlebig. Einige Wörter werden ______________ fast überall Mode. Besonders deutlich sieht man das bei Personenbezeichnungen. ______________ noch vor zwanzig Jahren das englische Wort „Freak" ein exotischer Begriff war, werden heute alle Computerbegeisterten „Computerfreaks" genannt. „Super" und „Das ist der Hammer" traten erstmals in den 50er Jahren auf. Heute gehören diese Begriffe zum allgemeinen Sprachgebrauch. Die Wörter „cool" und „geil" waren früher jugendsprachliche Spezialitäten, heute findet man sie ______________ in Slogans, Filmtiteln und auf Wahlkampfplakaten.

Wie stehen Sie zur „Jugendsprache"? Soll man sie fördern oder vermeiden?

Immer mehr/weniger junge Menschen ..., früher dagegen ...
Im Gegensatz zu ... steigt/sinkt der Anteil der jugendsprachlichen Wörter ...
Wenn man jung ist, ... Die Sprache der älteren Generation / der Presse / des Fernsehens ... ist/soll dagegen ...
Heutzutage ist es (nicht) üblich, ... zu ... Früher dagegen ...
Bei uns gilt heute als völlig normal, dass ..., während noch vor ein paar Jahren / früher / in der Vergangenheit ...

Soll der Staat die Landessprache fördern und darauf drängen, dass die Bürger statt englischen Wörtern muttersprachliche Ausdrücke benutzen? Notieren Sie in Gruppen Pro- und Contra-Argumente. Schreiben Sie in Partnerarbeit ein Märchen oder eine Fantasy-Geschichte, die Ihre Meinung belegt.

Zoo: Zuflucht oder Knast?

Die modernen Zoos sind dagegen eine Art Rettungsstation für viele Tiere.

Viele Wissenschaftler finden gute Gründe für die Haltung von Tieren in Zoos. Aber viele Menschen sind anderer Meinung und treten gegen das „Einsperren" der Tiere auf.

Ergänzen Sie *dagegen, im Gegensatz zu, während, doch.*

Jochen, 43: Zootiere leben anders als ihre Artgenossen in Freiheit, ______________ anders heißt nicht unbedingt schlechter. ______________ den Tieren in der freien Natur müssen Zootiere nicht ums Überleben kämpfen. ______________ Wildtiere ständig auf der Suche nach Nahrung sind und vor Feinden fliehen müssen, leben Tiere im Zoo wie im Hotel.

Patricia, 32: Viele Tiere werden durch die Jagd ausgerottet. Die modernen Zoos sind ______________ eine Art Rettungsstation für diese Tiere.

Helmut, 56: In Zoos fühlen sich Tiere wohl, ______________ sie sterben würden, wenn man sie freiließe.

Moritz, 19: Anders als in Tierfilmen kann man Tiere im Zoo „in Action" beobachten. Manche Filme sind wirklich gut, ______________ sie können das unmittelbare Erlebnis nicht ersetzen.

Sarah, 27: ______________ Tiere draußen in der freien Natur ein „normales" Leben führen, langweilen sie sich in Zoos. ______________ wilden Tieren sind Zootiere oft aggressiver und ihre Verhaltensweisen sind gestört.

Welche Meinung zum Thema „Tiere im Zoo" vertreten Sie? Äußern Sie Zustimmung oder Ablehnung.

Ich bin auch der Meinung, dass Tiere in Zoos / in freier Natur...
Während Tiere in Zoos ... haben/müssen/leben/... wilde Tiere ...
Das ist richtig. / Das finde ich auch. / Das stimmt.
Im Gegensatz zu frei lebenden Tieren haben/können/müssen Zootiere ...
Ich halte es für falsch / nicht richtig, dass Tiere/Menschen ...
Im Gegensatz zu ... finde ich es schrecklich/unmenschlich/unethisch, dass ...

Sie sind Gastgeber einer Talkshow zum Thema „ Zoo: Zuflucht oder Knast?"
Einigen Sie sich in der Gruppe auf drei Gäste. Welche Themen und Probleme möchten Sie mit Ihren Gästen besprechen? Schreiben Sie eine Liste mit thematischen Schwerpunkten für Ihre Talkshow. Inszenieren Sie die Talkshows im Plenum.

Das Umwelt- und Gesundheitsbewusstsein der Jugend von heute nimmt ab, während sich die Jugendlichen in den 70er und 80er Jahren für diese Fragen stark interessiert haben.

Mode statt Gesundheit

Die Jugend von heute hat ein Problem. Einerseits wollen immer mehr junge Menschen schöner aussehen. Andererseits tun sie immer weniger für Fitness und Gesundheit. Umweltfreundliche Produkte und gesunde Ernährung sind out. Schicke Klamotten, gestyltes Haar und guter Duft sind in.

Ersetzen Sie die unterstrichenen Konstruktionen durch Sätze mit *dagegen* oder *während*.

Im Gegensatz zur früheren Generation setzten die jungen Menschen von heute stärker auf Mode und Kosmetik. Das Umwelt- und Gesundheitsbewusstsein der Jugendlichen nimmt im Gegensatz zu den 70er und 80er Jahren ab. Im Gegensatz zu ihren Eltern wollen die meisten Jugendlichen von heute modisch gekleidet sein und im Trend liegen. Im Gegensatz zu ihren Müttern tragen heute junge Frauen deutlich mehr Make-up und Parfüm auf. Für junge Männer gehören neben moderner Kleidung auch gepflegte Haare und ein guter Duft dazu. Ihre Sensibilität für Umweltfragen ist im Gegensatz zu ihren Vätern enorm gesunken. Noch vor 10 Jahren wollten 61 Prozent der Befragten umweltfreundliche Produkte kaufen. Im Gegensatz zu damals sind es heute nur noch 39 Prozent.
Es gibt noch ein Problem. Im Gegensatz zur Jugend von heute trieben über 50 Prozent der jungen Menschen in den 80er Jahren gern Sport. Heute ist es nur noch jede(r) dritte. Auf gesunde Ernährung achten 42 Prozent, zuvor waren es 55 Prozent. Im Gegensatz zu der Generation der 90er Jahre essen die Jungen von heute mehr Kartoffelchips, Erdnussflips und Nuss-Nougat-Creme. Der Konsum von Joghurt und Quark ist im Gegensatz zu früher stark zurückgegangen.

Was ist für Sie wichtiger: Mode oder Gesundheit? Warum? Welche Trends gibt es in Ihrem Land, besonders unter jungen Leuten?

Ich finde Mode (nicht/sehr) wichtig, denn im Gegensatz zu meiner Gesundheit ...
Während einige Menschen / meine Freunde / Bekannten ..., kümmere ich mich um ... / achte ich stärker auf ...
Gesundheit ist meiner Meinung nach ... Mode dagegen ...
Im Gegensatz zu früheren Generationen setzen die Jungendlichen von heute auf ..., denn ...
Bei uns ... In anderen Ländern dagegen ...

Inszenieren Sie eine Talkshow zum Thema: „Mode und/oder Gesundheit".

Eltern-Kind-Konflikte

Kinder erzählen davon, statt zu demonstrieren, dass sie die Fragen danach nicht ausstehen können.

Oft behaupten ältere Leute, dass die heutige Generation nichts taugt, dass die Jungen von heute respektlos, egoistisch, unordentlich und faul sind. Junge Leute sehen das anders. Wie kann man Konflikte zwischen jungen Leuten und ihren Eltern entschärfen bzw. vermeiden?

Formulieren Sie die Texte um, benutzen Sie *statt ... zu*.

Studium und Beruf
Kinder erzählen davon. Sie demonstrieren nicht, dass sie Fragen danach nur „nerven“.
Eltern interessieren sich dafür. Sie halten ihren Kindern nicht vor, dass sie faul sind.

Freunde, Beziehungen
Kinder bringen ihre Freunde nach Hause. Sie bestehen nicht darauf, dass es allein ihre Sache ist, mit wem sie befreundet sind.
Eltern haben Verständnis für Freundschaften ihrer Kinder. Sie warnen nicht nur vor „schlechtem Umgang“.

Freizeit
Kinder erzählen von ihren Hobbys und Interessen. Sie machen kein großes Geheimnis daraus.
Eltern akzeptieren die Freizeitinteressen ihrer Kinder. Sie werfen ihnen nicht vor, dass sie sich nur herumtreiben.

Hausarbeit
Kinder machen bei der Hausarbeit mit. Sie drücken sich nicht davor.
Eltern verlangen nicht mehr so viel. Sie machen nicht ständig Vorwürfe.

Probleme
Kinder vertrauen sich ihren Eltern an. Sie verbergen nicht alles vor ihnen.
Eltern überlegen, wie sie helfen können. Sie meckern nicht, dass Kinder nur Sorgen machen.

Wie stellen Sie sich ideale Eltern-Kind-Beziehungen vor?

Ideale Kinder-Eltern-Beziehungen sollen/müssen ... , statt ...
Statt immer nur ... zu ..., sollte/müsste man versuchen, ... zu ...
Ideale Kinder/Eltern versuchen / geben sich Mühe, ... zu ..., statt immer nur ...

Sie sind Diplompädagoge/Diplompädagogin und halten einen Vortrag an einem Gymnasium für Eltern und Lehrer. Das Thema ist „Eltern und Kinder – konfliktfrei in die Zukunft“. Sammeln Sie in Gruppen Schwerpunkte für Ihren Vortrag. Machen Sie Notizen und halten Sie Ihre Vorträge im Plenum.

Man sollte bei Problemen miteinander reden, statt in der Ecke zu schmollen.

Beziehungskiste

Was passt zusammen? Formulieren Sie Tipps mit *ohne ... zu* oder *statt ... zu*.

bei Problemen miteinander reden	sich gleich ärgern
Kompromisse suchen	den Ärger herunterschlucken
immer ruhig bleiben	dem Partner eine Szene machen
dem Partner zuhören	dem Partner Vorwürfe machen
in Ruhe mit dem Partner sprechen	sich gegenseitig beschimpfen
Klarheit in Konfliktsituationen schaffen	in der Ecke schmollen
eigene Hobbys und Freundschaften pflegen	den Partner ausgrenzen
tief durchatmen	auf Distanz gehen
auf den Partner eingehen	sich total an das Leben des Partners anpassen
alle Konflikte mit Diplomatie lösen	auf seiner Meinung bestehen
offen miteinander reden	gleich auf den Partner losgehen

Ein Bekannter / Eine Bekannte hat Beziehungsstress. Geben Sie ihm/ihr ein paar Tipps.

Versucht doch zusammen ... zu ..., statt ... zu ...
Frag ihn/sie doch ..., ohne ... zu ...
Geht doch zusammen zu ..., statt immer noch ... zu
Sprich doch noch einmal mit ..., aber ohne ... zu ...
Lade ihn/sie doch ... ein, statt/ohne ... zu
Statt die ganze Zeit ... zu ..., könntest/könntet/solltest du / solltet ihr ...

Viele Menschen haben das gleiche Problem: Stress in der Beziehung. Was kann man dagegen tun? Sammeln Sie in Gruppen Gründe für Streitigkeiten und entwerfen Sie eine Liste von Ratschlägen, um Menschen in dieser Situation zu helfen. Diskutieren Sie im Plenum.

Sterne, Karten, Kaffeesatz

Menschen legen Karten, lesen aus den Händen oder dem Kaffeesatz, um etwas über die Zukunft zu erfahren.

Sterne, Horoskope, Tarot- und Spielkarten, Handlinien, Tischrücken und Kaffeesatz – Menschen nutzen viele Möglichkeiten, um ihr Schicksal zu deuten und in die Zukunft zu schauen.

Ersetzen Sie die unterstrichenen Sätze durch Infinitivkonstruktionen mit *um ... zu, ohne ... zu, statt ... zu.*

Menschen legen Karten, lesen aus den Händen oder dem Kaffeesatz. Sie wollen etwas über die Zukunft erfahren.

Einige lassen sich Horoskope erstellen. Sie wollen sich auf die Zukunft einstellen.

Viele schauen in die Sterne. Sie tun einen Blick in die Zukunft.

Viele beschäftigen sich lieber mit der Zukunft. Sie leben nicht im Hier und Jetzt.

Menschen sollten nicht wegen jeder Kleinigkeit zu einem Wahrsager rennen. Sie sollten endlich mehr in sich hineinhören.

Man sollte nicht die eigene Wahrnehmung durch Prognosen ausschalten. Man sollte lieber auf seine Erfahrung und sein Wissen vertrauen.

Viele verändern ihr Leben nicht durch ihr eigenes Verhalten. Sie erwarten Hilfe von anderen.

Einige Menschen nehmen ihr Schicksal nicht selbst in die Hand. Sie werden durch Prognosen und Prophezeiungen passiv.

Durch Prognosen legen sich die Menschen zu sehr fest. Sie lassen nichts Neues zu.

Einige Menschen entscheiden nicht selbst, was sie für richtig halten. Sie lassen sich von Wahrsagern manipulieren.

Wie stehen Sie zu Prophezeiungen und zu Esoterik? Äußern Sie Zweifel oder Befürchtungen.

Viele Menschen lesen Horoskope, ... um ... zu .... Aber ich bin nicht sicher, ob ...
Um etwas zu bewegen/verändern, muss man ... Ich bezweifle, dass Horoskope/Karten/Sterne ... können.
Statt sein Leben/Schicksal selbst in die Hand zu nehmen, ...
Viele Menschen wollen/versuchen unbedingt ..., ohne auf ... zu achten.
Ich befürchte, dass durch Prognosen/Vorhersagen/Prophezeiungen ...

Sie sind Gastgeber einer Talkshow zum Thema „Sind Prognosen sinnvoll oder gefährlich?" Einigen Sie sich in der Gruppe auf drei Gäste. Welche Themen und Probleme möchten Sie mit Ihren Gästen besprechen? Schreiben Sie eine Liste mit thematischen Schwerpunkten für Ihre Talkshow. Inszenieren Sie die Talkshows im Plenum.

Statt auf den letzten Drücker zu lernen, sollte man die Prüfungsvorbereitung langfristig planen.

Bye-bye Prüfungsangst!

Zu jeder Prüfung gehört ein gewisses Maß an Nervosität und Lampenfieber. Auf diese Weise werden körperliche und geistige Reserven freigesetzt. Wenn der Stress aber zu groß ist, wird er zur Belastung. Damit es während einer Prüfung nicht zur Denkblockade kommt, sollte man sich richtig vorbereiten.

richtig
langfristige Prüfungsvorbereitung
regelmäßiges Lernen, fester Tagesrhythmus
Wechsel zwischen Arbeits- und Entspannungsphasen
positive Einstellung zum Thema / zur Prüfung
Zutrauen zu den eigenen Fähigkeiten
ausreichend Schlaf, ausreichend Sauerstoff
ausreichend Bewegung
ausgewogene Ernährung und regelmäßiges Essen
Erlernen von Entspannungstechniken

falsch
Lernen auf den letzen Drücker
Lernen ohne vernünftigen Plan, ohne Freiräume
mangelndes Selbstvertrauen
schlechte Lern- und Vorbereitungsstrategien
ständiges Erinnern an negative Erfahrungen mit Prüfungen
zu hohe Erwartungen an das Ergebnis der Prüfung
fettreiches Essen zur Stressbewältigung (Schokolade, Gummibärchen, Chips usw.)

Schreiben Sie einen Ratgeber für Menschen, die an Prüfungsangst leiden.

Vor einer Prüfung bin/habe ich oft/meistens / ab und zu ...
Um die Prüfungsangst / die Belastung / den Stress zu reduzieren, kann man ...
Generell gilt: Ein bisschen Nervosität ja, zu viel Stress nein, aber ...
Die Psychologen behaupten, Menschen sollten, ... um/statt ... zu.
Viele lernen, ohne ... zu ... Aber ich glaube nicht, dass man sich hilft, indem man ...

Leiden Sie unter Prüfungsangst? Was tun Sie dagegen?

Machen Sie in Gruppen Interviews zum Thema „Wie kämpfe ich gegen meine Prüfungsangst an?" Präsentieren Sie die Ergebnisse in Form von fiktiven Geschichten und stellen Sie die Geschichten im Plenum vor.

Moderne Medizin – ein Mittel gegen alles!?

Man sollte die moderne Medizin entwickeln, ohne dabei das Gleichgewicht zwischen Mensch und Natur zu zerstören.

Bilden Sie Sätze mit *ohne ... zu.*

- die moderne Medizin entwickeln – das Gleichgewicht zwischen Mensch und Natur wird zerstört
- die Gesundheit der Menschen verbessern – menschliche Intelligenz und Gefühle werden beeinflusst
- das menschliche Leben verlängern – Menschen werden zu Versuchskaninchen gemacht
- neue Medikamente finden – Tiere müssen leiden
- wirkungsvolle Therapieformen entwickeln – neue Stoffe an Tieren erproben
- „Ersatzteile" für den menschlichen Körper produzieren – Tiere müssen sterben
- neue Oparationsmethoden anwenden – sie werden an ahnungslosen Tieren erprobt
- Krankheiten heilen – der menschliche Körper wird manipuliert
- sich fit halten – es werden jede Menge Pillen konsumiert

Wie stehen Sie zur modernen Medizin? Welche Zweifel bzw. Befürchtungen haben Sie?

Auch wenn die moderne Medizin / die Gesundheit der Menschen ...
Wollen wir einmal annehmen, dass die moderne Medizin ... Muss man dennoch nicht die Frage stellen ...?
Ich bezweifle, dass man ... kann, ohne ... zu ...
Viele Menschen/Wissenschaftler/ ... befürchten, dass ...
Das mag schon stimmen, nur frage ich mich, ob ... möglich ist, ohne ... zu ...
Viele Menschen bleiben gesund / fühlen sich fit, ohne (sich) ... zu ...

Worin besteht die Verantwortung der Wissenschaft, speziell der Medizin? Inwiefern kann sie die Gesellschaft bei der Wahrnehmung dieser Verantwortung unterstützen? Sammeln Sie in Gruppen Argumente und Informationen. Schreiben Sie ein kurzes Statement und halten Sie eine kurze Rede im Plenum.

Neugier auf das Leben Prominenter jenseits der Kulissen

Die Geschichte meines Lebens

Immer mehr Menschen wollen die Geschichte Ihres Lebens entweder selbst schreiben oder von Biografen schreiben lassen. „Promi"-Biografien boomen. Ob jeder sein Leben dem breiten Publikum preisgeben muss, sei dahingestellt.

Ergänzen Sie, wo nötig, Artikel und Endungen.

Neugier auf das Leben Prominent___ jenseits _____ Kulissen, vielleicht ein paar fiese Seitenhiebe auf „Rivalen" _____ Showgeschäft___ – warum werden Lebensgeschichten bekannt___ Schauspieler, Sportler oder Künstler so gern gelesen? Trotz viel___ gut___ Bücher in Bibliotheken und Buchhandlungen greifen immer mehr Menschen zu Büchern dies___ Art. Warum? Angesichts _____ großen Interesse___ _____ Leser lohnt es sich, sich näher mit dem Thema zu beschäftigen. Warum lesen viele Menschen statt _____ Roman___ von Kafka oder Dostojewski lieber Geschichten darüber, was ein bekannter Schauspieler während sein___ Kindheit oder sein___ Ausbildung alles so getrieben hat? Irgendwie scheint es zu den neusten Trends der Prominent___ zu gehören. Die meisten Promi-Biografien sind das Werk _____ professionellen Biograf___. Die Erzählungen _____ prominenten Mensch___ werden während _____ Sitzung notiert oder auf Band aufgenommen. Mit Hilfe dies___ Notizen entsteht dann das Buch. Mit ihren Büchern versuchen die Promis die Aufmerksamkeit _____ Öffentlichkeit und _____ Medien auf sich zu ziehen.

Lesen Sie gern Promi-Biografien? Äußern Sie Bedenken oder Einwände.

Obwohl/Wenngleich das Leben / die Arbeit einiger/vieler Politiker/Schauspieler/...
Auch wenn sich Promi-Biografien gut verkaufen, sind/haben sie ...
Die Menschen interessieren sich für die Welt der Reichen und Schönen, deswegen/trotzdem ...
Viele Menschen geben an, dass sie Bücher prominenter Autoren wegen ... lesen. Doch ich frage mich, ob ...

Einigen Sie sich in Gruppen auf eine prominente Persönlichkeit und recherchieren Sie Informationen über ihr Leben. Schreiben Sie eine kurze Biografie und präsentieren Sie sie im Plenum.

Pro und contra Schuluniform

Durch die Einführung der Schuluniform erreicht man den Ausgleich der sozialen Unterschiede.

Markieren Sie die richtige Variante.

pro

Die Schulform bietet die Möglichkeit *die/der/des* Entlastung *die/der/den* Eltern mit geringeren Einkommen. Durch die Einführung *die/der/des* Schuluniform erreicht man den Ausgleich *der/die/den* soziale*/er/en* Unterschiede. Ein wichtiger Punkt ist die Förderung *der/die/des* positive*/er /en* Einstellung zum „Arbeitsplatz" Schule. Schuluniformen fördern den Prozess *der/des/den* Identifikation *der/des/den* Schülerinnen und Schüler mit der eigenen Schule. Schuluniformen tragen zur Verbesserung *der/des/den* Disziplin bei und sind ein wichtiger Weg *der/des/den* Eingliederung von Minderheiten.

contra

Aufgrund *des/der/die* Tatsache, dass Kinder und Jugendliche zwischen dem 10. und 18. Lebensjahr noch wachsen, würde die Einführung *der/des/den* einheitliche*/er/en* Schuluniform auf jeden Fall eine Erhöhung *der/des/den* finanzielle*/er/en* Aufwands verursachen und einen Schritt zur Förderung *der/den/des* schädliche*/er/en* Gleichmacherei bedeuten. Eine Folge wäre die Verhinderung *der/des/den* individuelle*/er/en* Entfaltung *des/dem/das* Kindes*/s*. Die positive Einstellung *der/des/den* Schüler soll mit Hilfe *der/des/die* Förderung *der/die/des* innere*/er/en* Werte erfolgen. In Deutschland ist der Besuch öffentliche*/er/en* Schulen kostenfrei. Aufgrund diese*r/en/es* Gesetze*/es/* kann jedes Kind eine Schule besuchen, trotz *der/des/die* eventuell schwierige*/er/en* finanzielle*/er/en* Situation seine*/er/en* Eltern. Die Einführung *der/die/des* Schuluniform könnte einen Schritt in die falsche Richtung bedeuten. Und die Argumente leidenschaftliche*/er/en* Befürworter *der/die/des* Schuluniform würden den Grundprinzipien moderne*/er/en* Bildungspolitik widersprechen.

Was denken Sie über die Schuluniform? Einigen Sie sich auf eine Position.

Ich glaube, die Schuluniform hat die Funktion des/der ...
Sie kann zur Erhöhung/Förderung/ Verbesserung des/der ... beitragen.
Man sollte aber bedenken, dass durch die Einführung der Schuluniform ...
Nachdem wir das Für und Wider der Schuluniform abgewogen haben, ...
Nach Prüfung aller Argumente ...
Nachdem wir die Einwände diskutiert haben / alle Positionen durchgegangen sind, ...

Sammeln Sie in Gruppen Argumente und Informationen zum Thema „Pro und contra Schuluniform". Erarbeiten Sie ein Kurzreferat und halten Sie es im Plenum. Beantworten Sie Fragen dazu.

Wegen mangelnder Disziplin kann der Stoff vieler Fächer der Unter- und Mittelstufe nicht bewältigt werden.

Nacharbeit als Schulstrafe?

Wegen mangelnd___ Disziplin kann der Stoff viel___ Fächer _____ Unter- und Mittelstufe nicht bewältigt werden. Aufgrund _____ dauerhaft___ Fehlverhaltens einig___ Schüler ist die unterrichtsgerechte Vermittlung _____ Lernstoffs oft nicht möglich. Viele Lehrer glauben, dass man dieses Problem mittels _____ Einführung _____ Nacharbeit lösen kann.

Ergänzen Sie die Artikel und, wo nötig, die Endungen.

pro

Durch die Beschränkung _____ Freizeit _____ Schüler am Nachmittag würde bei vielen Jugendlichen die Einsicht wachsen, sich am Vormittag mehr zusammenzunehmen. Angesichts _____ schlecht___ schulisch___ Leistungen wäre diese Maßnahme zur Verbesserung _____ Disziplin durchaus berechtigt. Man könnte die Nacharbeit zum Wiederholen und Vertiefen _____ Stoff___ nutzen. Außerdem würde das zur Verbesserung _____ Qualität _____ Unterricht___ führen. Lehrer hätten mehr Zeit, auf Probleme einzeln___ Schüler einzugehen. Die Folge wäre die Förderung ein___ stressfreieren Klima___ und die Verbesserung _____ Klassengemeinschaft.

contra

Mit Hilfe _____ Nacharbeit kann man zwar zur Verbesserung _____ Noten beitragen, doch die Durchführung dies___ Strafmaßnahme würde das Klima in der Klasse enorm gefährden. Außerdem würde die Einführung ein___ neuen Strafe die dauerhaften „Unterrichtsstörer" kaum zur Änderung ihr___ Verhalt___ bewegen. Die Beschränkung _____ Freizeitaktivitäten _____ Schüler am Nachmittag hat dagegen die Gefährdung _____ gesundheitlich___ Zustand___ einig___ Kinder zur Folge: Übergewicht, Passivität, psychische Probleme könnten zunehmen. Aufgrund mangelnd___ Bewegung können sich auch die schulischen Leistungen verschlechtern.

Die Einführung der Nacharbeit führt zu ... / hat ... zur Folge.
Die Nacharbeit trägt zur Verschlechterung/Verbesserung der/des ... bei.
Sie ist der Grund für ... die Förderung / die Gefährdung der/des ...
Aufgrund der/des ... kann man ...
Mit Hilfe der/des ...

Was halten Sie von Nacharbeit als Schulstrafe? Notieren Sie Argumente dafür und dagegen.

Nehmen Sie Stellung zum Thema „Strafen in der Schule". Wie können die Probleme, die aufgrund mangelnder Disziplin entstehen, gelöst werden? Diskutieren Sie in Gruppen darüber.

Angst vor einem Ortswechsel?

Viele Menschen ziehen wegen eines neuen Jobs um.
Trotz der neuen Sprache fühlen sich die meisten Menschen wohl in ihrer neuen Heimat.

Menschen verlassen ihre Heimat, ziehen um in eine andere Stadt, vielleicht sogar in ein anderes Land. Ein Ortswechsel ist kein Makel, sondern zeigt Flexibilität sowie Mobilität eines Menschen. Umziehen bringt neuen Schwung in unseren Alltag, schafft Abwechslung. Doch wer umzieht, kann auch mit vielen Schwierigkeiten konfrontiert werden.

Verbinden Sie die Sätze mit den Präpositionen *wegen* oder *trotz*.

Viele Menschen ziehen um. Sie finden einen neuen Job.
Junge Menschen verlassen das Elternhaus. Sie wollen studieren oder eine Ausbildung machen.
Einige Menschen ziehen in eine andere Stadt oder in ein anderes Land. Sie haben ihren Traumpartner gefunden.
Manche Jugendliche ziehen aus. Sie haben Streit mit ihren Eltern.
Manchmal müssen Menschen in eine andere Wohnung ziehen. Sie haben finanzielle Probleme.
Einige leiden unter Verlust ihrer gewohnten Umgebung. Sie fühlen sich am Anfang völlig isoliert.

Die meisten Menschen fühlen sich wohl in ihrer neuen Heimat. Sie müssen manchmal eine neue Sprache lernen.
Die meisten Menschen leben sich schnell ein. Am Anfang haben sie viele Probleme.
Die meisten fühlen sich schnell wie zu Hause. Die Integration ist nicht leicht.
Die meisten Menschen freuen sich über den Ortswechsel. Es gibt oft Berührungsängste und Missverständnisse.
Die meisten fassen schnell Fuß am neuen Ort. Die Sehnsucht nach Freunden und Verwandten ist groß.

Was ist bei einem Ortswechsel entscheidend?

Soweit ich weiß, wechseln viele / nur wenige Menschen wegen/aufgrund ... ihren Wohnort.
Aus meiner Sicht ist es sinnvoll/absurd, den Wohnort wegen ... zu wechseln.
Ich glaube, dass die meisten trotz ... den Ortwechsel/Umzug gut überstehen.
Wenn ich mich nicht irre, leben sich / arbeiten sich die meisten / viele / nur einige trotz ... schnell/problemlos ein.
Trotz/Wegen ... können sich viele/einige langsam/schnell an ... gewöhnen.

Machen Sie Interviews in Partnerarbeit. Präsentieren Sie die Ergebnisse in Form von fiktiven Geschichten und stellen Sie die Geschichten im Plenum vor.

Viele Menschen lieben die Oper wegen der wunderbaren Musik. Doch die meisten Jugendlichen gehen aufgrund zu hoher Eintrittspreise nie in die Oper.

Oper: „Schnee von gestern"?

Den ungeheuren technischen Fortschritt unserer Zeit spiegelt die Oper nicht wider. Aber unsere Gefühlswelt sehr wohl! Wir lieben und leiden wie zu Puccinis Zeiten. Doch viele, besonders junge Leute, halten die Oper für „Schnee von gestern".

Gründe, warum Menschen in die Oper gehen:

- die wunderbare Musik
- der romantische Stoff der meisten Opern
- die großen Gefühle
- eine hervorragende Kombination aus Musik, Choreografie und Gesang
- die prächtigen Kostüme
- die eindrucksvollen Bühnenbilder
- die oft tragische und rührende Liebesgeschichte

Gründe, warum besonders junge Menschen nicht in die Oper gehen:

- die altmodischen Operninhalte
- der andere Musikgeschmack
- die veränderten Ansprüche an Unterhaltung
- Schwierigkeiten beim Verstehen des Textes
- mangelnde musikalische Bildung
- zu hohe Eintrittspreise

Schreiben Sie einen Kurzbericht für die Kurszeitung. Erklären Sie, warum Menschen bei Ihnen die Oper (nicht) lieben. Berufen Sie sich auf Ergebnisse einer fiktiven Meinungsumfrage.

Ich mag Oper/Theater (nicht) wegen ...
Ich gehe oft/selten / (fast) nie in die Oper / ins Theater, vor allem wegen ...
Ich finde es schön/schade, dass immer mehr/weniger (junge) Menschen ...
Ich/Viele / Die meisten würde/n öfter in die Oper / ins Theater gehen, aber wegen ... ist das kaum möglich.

Gehen Sie oft in die Oper oder ins Theater? Warum (nicht)?

Sie organisieren ein Theaterfestival und möchten, dass möglichst viele junge Leute kommen. Welche Theaterstücke (Thematik, zeitgenössisch/klassisch usw.) würden Sie ins Programm aufnehmen? Notieren Sie Argumente und einigen Sie sich auf 5 bis 6 Vorschläge. Präsentieren Sie Ihr Programm im Plenum.

Pelzmäntel: pro und contra

Pelzmäntel sind aus ökologischen Gründen sinnvoller als Synthetikjacken.

Jedes Jahr werden mehr als 40 Millionen Tiere wegen ihres Pelzes getötet: Nerz, Fuchs, Rotluchs, Biber, Waschbär, Zobel, Luchs, Chinchilla – und die Liste geht weiter, obwohl man sich auch warme, synthetische Kleider kaufen kann.

Markieren Sie die richtige Präposition.

pro

Pelzmäntel sind *aus/bei/vor* ökologischen Gründen sinnvoller als Synthetikjacken, da Pelz ein natürlicher Rohstoff ist, der nachgezüchtet werden kann. Auf den Farmen werden die Tiere eigens *bei/wegen/aus* ihres Pelzes gezüchtet. Die meisten Menschen essen ja auch Fleisch und sterben nicht lieber *aus/vor/bei* Hunger. Und *wegen/aus/vor* Mitleid mit den Tieren werden nicht alle zu Vegetariern. Pelzmäntel werden traditionell im Norden getragen, und zwar *aus/vor/wegen* der Kälte in nördlichen Breitengraden. *Bei/Aus/Vor* Minustemperaturen unter 30 Grad ist ein guter Pelzmantel kein Luxus.

contra

Jedes Jahr werden über 40 Millionen Tiere *aus/wegen/bei* ihres Pelzes getötet. *Trotz/Aus/Vor* der Entwicklung von synthetischen Webwaren, die wärmer und leichter sind als Pelz, wollen viele Menschen auf ihre Pelzmäntel nicht verzichten. Und zwar *aus/aufgrund/vor* der Tatsache, dass Menschen schon immer Pelzmäntel getragen haben. Früher gab es kein wärmeres Material. Doch heutzutage bricht ein Wissenschaftler zum Nordpol nicht im Nerzmantel auf. Und das nicht nur *bei/infolge/aus* Liebe zu den Tieren, sondern weil synthetische Stoffe besser und wärmer sind. Bei manchen Leuten sind die Pelzmäntel *trotz/aus/vor* ästhetischen Gründen beliebt, weil sie tatsächlich sehr schön sind. Aber es gibt in den Geschäften auch Kunstpelze, die genauso hübsch, weniger teuer, waschbar und leichter sind als die echten. Man kann also mit der Mode gehen, ohne sich *aus/vor/wegen* eines Modetrends am Töten von Tieren zu beteiligen.

Wie stehen Sie zum Thema „Pelze"? Notieren Sie Argumente pro und contra.

Einerseits werden Pelzmäntel wegen/aus ... getragen, aber andererseits können/müssen Menschen aufgrund ... darauf verzichten.
Aus Liebe zu ... / Mitleid mit ... sollten die Menschen ...
Ich finde es unmoralisch, dass Tiere wegen/trotz ... getötet werden.
Angesichts der fast völligen Ausrottung einiger Tierarten ...

Sie sind Biologielehrer/Biologielehrerin an einer Schule und müssen mit Ihren Schülern eine kleine Theateraufführung zum Thema vorbereiten. Entwerfen Sie in Gruppen ein Szenario, sammeln Sie Ideen für Kostüme und Bühnenbilder. Präsentieren Sie die Ergebnisse im Plenum.

Durch neue Kochsendungen werden selbst Kochmuffel zum Kochen animiert.

Kochen ist wieder „in“

Restaurants sind out – selber kochen ist wieder in. Voll im Trend liegt das so genannte Co-Cooking, Kochen mit Freunden. Kochen wird immer öfter zu einem Event, bei dem Menschen zusammen kochen und sich dabei unverkrampft kennen lernen.

Ergänzen Sie die Präpositionen.

Kochen ist in letzter Zeit wieder schick geworden. Viele Kochbücher beschreiben _____ Einzelnen, wie man die eine oder die andere Speise zubereitet. _______ neue Kochsendungen werden selbst Kochmuffel zum Kochen animiert. Egal, ob Mann ob Frau, hier hat sich _____ jeden Fall die Gleichberechtigung durchgesetzt! Gebacken und gekocht wird heute _________ Liebe und Leidenschaft, man nimmt sich ________ das Kochen wieder Zeit und macht dies natürlich ________ den besten Zutaten. ________ Ansicht der Experten achten die Menschen immer stärker darauf, welche Produkte sie verwenden. Man kocht bewusst ______ Fett, am besten _____ Olivenöl. Zu den beliebtesten Speisen gehören Salate und Gerichte ______ Gemüse. Hoch im Kurs stehen Fleisch- und Geflügelgerichte. Pasta und Nudelgerichte stehen _______ Platz drei. _____________ zahlreicher Kochbücher können die angehenden Köche und Köchinnen feinste Gerichte zaubern. Doch viele geben an, dass sie sich zwar von Kochbüchern inspirieren lassen, dann aber _______ Rezept kochen.

___________ das gemeinsame Kochen kommen die Leute zusammen. _________ kleinen Kreis lässt sich besonders kreativ und exklusiv kochen. Es macht doch viel mehr Spaß zusammen ________ anderen Rezepte auszusuchen, einzukaufen, zu kochen und gemeinsam zu genießen. Beim Co-Cooking treffen sich nette Leute _________ gemeinsamen Kochen und Essen.

Kochen Sie gern, oft, allein oder mit Freunden? Was wird in Ihrer Heimat traditionell gekocht?

Ich koche ziemlich/sehr/nicht gern, aber/und zum Glück / zu meinem großen Bedauern ...
Viele kochen (eher) mit/ohne Freude/ Leidenschaft/Mühe/Kenntnis/ ...
Bei uns ist es üblich/Brauch, dass ...
Man kocht viel mit ... / ohne ...
Typisch sind Gerichte aus/mit ...

Entwerfen Sie in Partner- oder Gruppenarbeit einen Comic zum Thema „Viele Köche verderben den Brei – oder doch nicht?!“. Zeichnen Sie schematisch Bilder und schreiben Sie den Text für die Sprechblasen dazu. Präsentieren bzw. inszenieren Sie Ihre Comics im Plenum.

Wählen mit 16?

> Die meisten jungen Menschen haben zwar Interesse an Politik, können aber Probleme nicht richtig bewerten.

Mit 16 wählen gehen? Kann man mit 16 schon entscheiden, wer gewählt werden soll? Einige Politiker glauben, dass Jugendliche in diesem Alter reif genug sind, um bei den Kommunalwahlen an die Wahlurnen zu gehen.

Ordnen Sie zu und bilden Sie Sätze mit *zwar ... aber*.

haben Interesse an Politik	der Führerschein mit 16 ist wichtiger
interessieren sich für die Zukunft des Landes	können Probleme noch nicht richtig bewerten
wollen einiges bewegen	haben wenig Erfahrung
sind engagiert	werden von Erwachsenen beeinflusst
wollen Zivilcourage zeigen	sind viel zu sehr mit sich selbst beschäftigt
wollen Dinge verändern	sind politisch nicht reif genug
möchten in ihrem Umfeld etwas erreichen	können keine Verantwortung übernehmen
können ihre Meinung sagen	können noch nicht Farbe bekennen
gehen auf Demonstrationen	suchen oft Spaß und Abwechslung
malen Plakate und zünden Kerzen an	können nicht entscheiden, was wirklich wichtig ist
wollen mitmachen	sind nicht bereit, Zeit zu investieren
wollen ihre Bürgerpflicht erfüllen	haben ihren Platz in der Gesellschaft noch nicht gefunden
sind verantwortungsvoll und couragiert	können politische Entscheidungen nicht nachvollziehen

Wählen mit 16 – finden Sie das richtig? Notieren Sie die Gründe pro und contra.

Mit 16 wählen ist sowohl .... als auch ...
Mit 16 sind Jugendliche nicht nur ... sondern auch ... / weder ... noch ...
In diesem Alter hat/ist/bekommt/sieht/ ... man zwar ..., aber man ist/hat ...
Für viele junge Menschen ist/sind Politik/Wahlen nicht nur ..., sondern auch ...
Wenn Jugendlich mit 16 wählen dürfen, dann ...

Sie bereiten ein Interview mit einer Politikerin vor, die sich für die Herabsetzung des Wahlalters engagiert. Was möchten Sie von ihr erfahren? Sammeln Sie in Gruppen eine Liste von 8 bis 10 Fragen, die Sie mit Ihrem Gesprächspartner diskutieren möchten. Inszenieren Sie das Gespräch im Plenum.

Stil zu haben heißt nicht nur gut auszusehen, sondern auch ein Unikat zu sein.

Bitte mit Stil!

Jeder Mensch sucht für sein Outfit nach Dingen, die seine Persönlichkeit unterstreichen. Dabei geht es darum herauszufinden: Wer ich bin? Was will ich zeigen? Aber: Nur weil man eine Hugo-Boss-Hose trägt, wird man nicht automatisch zu einer Person, die Stil hat.

Was passt zusammen? Verbinden Sie die Satzhälften zu einem Satz.

Stil zu haben heißt nicht nur gut auszusehen,
Man sollte sich zwar aus der Masse herausheben,
Echter Stil hat weder mit viel Geld
Seinen eigenen Geschmack zu entwickeln, dazu gehört sowohl Mut
Manche Leute kaufen sich etwas Teures und meinen, nicht nur Klasse,
Es gibt Leute, die zwar super modisch angezogen sind,
Menschen, die sowohl selbstbewusst sind,
Heute zählt nicht nur die Ausstrahlung,
Zu einer Persönlichkeit gehören nicht nur Klamotten,
Okay, Äußerlichkeiten sind zwar nicht das Wichtigste,

als auch zu ihrem Stil stehen, wirken in ihren Klamotten viel besser als ein Modefreak.
sondern auch ein Unikat zu sein.
aber die Klamotten dürfen nicht zu schrill sein.
sondern auch Hobbys, Lieblingsbücher, Lieblingsmusik und vieles mehr.
aber nicht unbedingt über einen Stil verfügen.
aber der erste Eindruck wird nun mal durch die Optik bestimmt.
noch mit Nachahmen und Kopieren zu tun.
als auch Zeit.
sondern auch Stil mitzukaufen.
sondern das gesamte Erscheinungsbild.

Ist es Ihnen wichtig, Ihren eigenen Stil zu haben? Wann legen Sie besonders viel Wert darauf, stilvoll angezogen zu sein?

Stil zu haben heißt für mich nicht nur ... sondern auch ... / sowohl ... als auch ...
Stil hat weder mit ... noch mit ... etwas zu tun.
Man kann zwar ... , aber das bedeutet nicht automatisch, dass man Stil hat.
Ich persönlich lege viel/keinen Wert auf Klamotten, denn das ist für mich weder ... noch ... / sowohl ... als auch ...
Man soll die Menschen nicht nur nach .... sondern auch nach ... beurteilen.

Halten Sie im Kurs einen Kurz-Vortrag zum Thema „Wie viel Stil braucht der Mensch?“ Gehen Sie dabei insbesondere auf die Definition des Begriffs „Stil“ ein. Beantworten Sie die Fragen zu Ihrem Vortrag.

Rauchen – Privatsache?

Rauchen kann nicht nur für Raucher tödlich sein, (sondern) es kann auch Nichtrauchende gefährden.

Ergänzen Sie *nicht nur ..., sondern auch, sowohl ... als auch, weder ... noch, zwar ..., aber.*

Erika, 61: Man braucht __________ ein strengeres Werbeverbot für Zigaretten, __________ einen besseren Nichtraucherschutz. Die Industrie darf __________ im Fernsehen __________ in der Presse für Zigaretten werben. Man soll Rauchen __________ in Büros, Cafés und Discos __________ auf der Straße verbieten. Denn die vorhandenen Nichtraucherzonen reichen nicht aus.

Vanessa, 25: Rauchen kann __________ für Raucher tödlich sein, __________ Nichtrauchende gefährden. Nichtraucher, die mit Rauchern __________ zusammenleben __________ zusammenarbeiten müssen, sind __________ nikotingeschädigt, __________ manchmal abhängig.

Martin, 18: Menschen, die rauchen, gehören heute einfach zum Alltag. So denken __________ Jugendliche, __________ viele Erwachsene. Wenn Jugendliche anfangen zu rauchen, können Eltern und Lehrer das __________ verbieten __________ irgendwie einschränken. Sie müssen es einfach tolerieren.

Patrick, 29: Rauchen ist bei den meisten Jugendlichen __________ angesagt, __________ viele wollen auch wieder aufhören. Viele machen die Erfahrung: Man wird __________ als Raucher akzeptiert, __________ als jemand, der „Nein" sagen kann.

Wie ist Ihre Einstellung zum Rauchen? Drücken Sie Vermutungen oder Befürchtungen aus.

Ich bin Nichtraucher(in)/Raucher(in). Ich rauche zwar nie/viel/selten, aber ...
Die Zahl ... ist gestiegen/gesunken. Das macht mir Angst / Das lässt hoffen, dass ...
Viele/Einige wollen zwar aufhören, aber ... Diese Tatsache macht mir Sorgen.
Ich fürchte, dass sowohl ... als auch ...
Weder / Nicht nur ... noch / sondern auch ... Das finde ich Besorgnis erregend.
Man unternimmt zwar viel/einiges gegen das Rauchen, aber ...

Machen Sie in Gruppen Interviews zum Thema „Rauchen". Fragen Sie nach Zahlen, Altersgruppen, eventuellen Gründen und wie die Mehrheit der Menschen dazu steht. Stellen Sie die wichtigsten Informationen als Tabelle zusammen. Präsentieren Sie Ihre Ergebnisse im Plenum und diskutieren Sie, wie man die Menschen für ein „rauchfreies" Leben gewinnen kann.

Ich finde das weder gut, noch würde ich es selbst je tun.

Talkshows – wie aus dem richtigen Leben

Talkshows am Nachmittag. Viele sehen sich diese Sendungen an. Andere finden sie eher zum „Abschalten“.

Birgit, 34: Über Probleme sollte man sprechen, aber einige machen das vor laufender Kamera. Und Millionen Menschen sehen dabei zu. Das finde ich nicht gut und ich würde es selbst nie tun.

Sandra, 25: Ich finde Talkshows öde und primitiv. Aber manchmal schaue ich doch rein, denn da sieht man zum Beispiel, was mit Menschen passiert, wenn sie Drogen nehmen oder wegen schlechter Ausbildung keine Arbeit bekommen.

Wolfgang, 51: In den meisten Talkshows geht es um Familie, Liebe, Freundschaft oder um Aussehen und Mode. Und beide Themen haben mich nie interessiert.

Andreas, 41: Die meisten Talkshows sind kein gemütliches Plauderstündchen und keine nette Party. Die Leute werden angebrüllt und es geht so richtig zur Sache. Manche kriegen sich in die Haare. Das ist peinlich und richtig abstoßend.

Annette, 18: Ich finde die modernen Talkshows nicht lustig und nicht informativ. Nicht selten werden die Leute ausgelacht und beschimpft.

Ersetzen Sie die unterstrichenen Stellen durch Konstruktionen mit zweiteiligen Konjunktionen.

Ich finde diese Art von Sendungen nicht nur ... sondern auch ... / weder ... noch ...
Einerseits werden die Menschen durch Talkshows ..., andererseits ...
In den Talkshows sieht / zeigt man sowohl ... als auch ... / zwar ..., aber ...
Im Vergleich / Im Unterschied zu anderen Sendungen ... sind die Talkshows / gibt es / kann man in den Talkshows ...

Was halten Sie von Talkshows? Notieren Sie Argumente pro und contra.

Entwerfen Sie in Gruppen das Szenario für eine neue Talkshow. Einigen Sie sich auf Zielgruppe, Thematik, Gäste usw. Überlegen Sie, wie Sie Ihre Zuschauer zum Nachdenken, Mitmachen, auch zum Lachen anregen können. Wodurch unterscheidet sich Ihre Show von anderen? Präsentieren Sie Ihre Entwürfe und Ideen im Plenum. Diskutieren Sie.

Glück und Unglück

> 26 Prozent der Befragten glauben, dass sie Glück hätten, wenn sie ein vierblättriges Kleeblatt fänden. 9 Prozent der Befragten haben ausgesagt, dass es ihnen Unglück bringe, wenn sie mit dem linken Bein aufgestanden seien.

Werten Sie die Statistik wie im Beispiel aus.

Was bringt Ihnen Glück?
38 %: ein vierblättriges Kleeblatt finden
26 %: eine Sternschnuppe sehen
13 %: einem Schornsteinfeger begegnen
10 %: ein Hufeisen finden
5 %: den Kuckuck rufen hören
4 %: ein Schwalbennest entdecken

Was bringt Ihnen Unglück?
52 %: wenn Freitag, der 13. ist
23 %: wenn mir eine schwarze Katze von links nach rechts über den Weg läuft
9 %: wenn ich mit dem linken Bein aufgestanden bin
6 %: wenn ich unter einer Leiter durchgehe
6 %: wenn ich am Morgen eine Spinne sehe

Beweisen Sie, dass an der Idee von Glücks- bzw. Unglücksbringern etwas dran ist. Beziehen Sie sich auf Informationen, die Sie gehört/gelesen haben.

Viele Menschen/Wissenschaftler/ ... glauben/behaupten / weisen darauf hin, dass ... Glück / Unglück bringe.
Eine Umfrage hat ergeben, viele Menschen würden ...
In einer Zeitung/Zeitschrift stand/habe ich gelesen, es gebe ...
Ich möchte mich bei diesem Thema auf ... beziehen/ ... zitieren. Er/Sie hat gesagt/bewiesen, dass ... Prozent aller Menschen ... hätten/seien/könnten ...
Immer wieder heißt es, ... bringe Unglück.
Sehr oft kann man auch hören/lesen, ...

Machen Sie in Gruppen Interviews zum Thema: „Glücksbringer/Unglücksbringer". Stellen Sie die wichtigsten Informationen als Statistik oder Tabelle zusammen und kommentieren Sie die Ergebnisse.

Einer Umfrage zufolge meinen viele, Inlineskaten wirke nie lächerlich, man müsse nur fit sein.

Typische Dinge unserer Zeit

Schreiben Sie für die Kurszeitung eine Zusammenfassung der Umfrage.

Anna, 28: Für mich und viele meiner Freunde sind das Inlineskates. Alle skaten. Das wirkt nie lächerlich, man muss nur fit sein. Deshalb wird es auch noch lange beliebt bleiben, anders als andere Trends, die schnell wieder vorbei sind. Inlineskaten überwindet die Grenzen zwischen den Geschlechtern und den Generationen.

Andreas, 41: Ich glaube, eine Kreditkarte gehört für die meisten zum absoluten Muss. Unser Leben ist von diesen Plastikkarten geprägt. Sie sind praktisch. Man muss sein Geld nicht immer mit sich herumtragen.

Doris, 23: Für meine Generation ist ein Rucksack Symbol für Freiheit und Mobilität. Man muss nicht alles vorher planen. Man ist mobil und spontan.

Sebastian, 36: Ich kann mir das moderne Leben ohne Handy nicht vorstellen. Die Menschen sind immer erreichbar. Es gibt einem das Gefühl von Freiheit und Unabhängigkeit.

Monika, 51: Die Jeans drückt ganz klar das Lebensgefühl von heute aus. Sie ist kultig. Jeder zweite auf der Straße trägt sie. Sie sitzt richtig gut am Körper und betont die Figur.

Christian, 27: Computer sind aus unserem Leben nicht mehr wegzudenken. Einige Leute halten Computer zwar für idiotische Kisten, die man nur zum Spielen benutzt, aber das ist Blödsinn. Computer bestimmen unser Leben, egal ob Freizeit oder Job.

Viele Menschen ... glauben/sagen, ... sei typisch / total wichtig / ein Symbol für ...
Eine Umfrage hat ergeben, dass unser Leben stark von ... geprägt sei, weil ...
In einer Zeitung/Zeitschrift stand/habe ich gelesen, dass ...
Immer wieder heißt es, ... drücke das Lebensgefühl unserer Generation aus.
Sehr oft kann man auch hören/lesen, ... sei/seien (absolut) „in“.
... sagt immer / wiederholt/erklärt, ...

Welcher Gegenstand ist typisch für unsere Zeit? Beziehen Sie sich auf Informationen, die Sie gehört/gelesen haben.

Sammeln Sie in Gruppen Informationen und Argumente zum Thema. Schreiben Sie eine kurze Reportage und präsentieren Sie Ihre Texte im Plenum.

Fernbedienung – Fluch oder Segen?

> Es gebe nicht einmal mehr Zeit, einen Nachspann in Ruhe anzuschauen.

Ergänzen Sie die Verben im Konjunktiv I bzw. Konjunktiv II.

In seinem Bericht über die jüngsten Umfrage sagte der bekannte Fernsehkritiker Wolfgang S., die Schnelllebigkeit der modernen Zeit __________ (töten) die Qualität des Fernsehens. Es __________ (geben) nicht einmal mehr Zeit, einen Nachspann in Ruhe anzuschauen. Kaum __________ (sein) das dramatische Finale vorbei und der Nachspann __________ (laufen), __________ (sagen) der Sprecher, dass die nachfolgende Sendung noch spannender __________ (sein). Das ganze Elend im Fernsehen begann mit der Erfindung der Fernbedienung, meinte Herr S. auf die Frage, wie er zu dieser Schlussfolgerung __________ (kommen), antwortete der Kritiker, heute __________ (müssen) die Leute nicht mehr aus ihrem Sessel hoch, um das nächste Programm zu drücken. Man __________ (können) auf Knopfdruck den Sender wechseln, und damit __________ (sein) diese schreckliche Ungeduld entstanden. Schon nach drei Minuten __________ (werden) die Leute nervös und __________ (wegzappen) __________.
Heute __________ (geben) es das Fernsehen als Familienereignis nicht mehr, behauptete der Kritiker. Diese Form des Fernsehens __________ (sein) ausgestorben. Fast alle Familien __________ (haben) mehrere Fernseher. Aber überall __________ (laufen) praktisch das Gleiche. Alles __________ (werden) hin- und herkopiert.
In seinem Bericht betonte er, das heutige Fernsehen __________ (darstellen) eher ein Gegenprogramm zur Realität __________. Die Leute __________ (haben) genug von schlechten Nachrichten. Sie __________ (sehnen sich) nach einer heilen Welt in zahlreichen Seifenopern __________ und es __________ (geben) immer mehr Talkshows mit durchschnittlichen Darstellern.

Was halten Ihre Bekannten/Freunde vom Fernsehen? Wie ist die Meinung der Experten?

Viele meinen/behaupten / sind der Meinung, das Fernsehen sei/solle/müsse/ ...
Man hört/liest oft, es gebe ...
Die Experten behaupten, die Zuschauer würden/könnten ...
Eine Umfrage hat ergeben, dass ...
Immer wieder heißt es, die Sendungen / die Moderatoren seien/würden/könnten ...

Machen Sie Interviews im Kurs zum Thema „Fernsehen heute". Fragen Sie nach gemeinsamen Interessen, Vorlieben und Abneigungen beim Fernsehen. Stellen Sie die wichtigsten Informationen als Statistik oder Tabelle zusammen. Präsentieren Sie die Ergebnisse an der Tafel oder als Poster.

Die Zeitung schreibt, Kleider machten Leute. Es heißt, für Männer sei fast alles geregelt.

Kleidung und Karriere

Kleider machen Leute. Kleider machen Karriere. Für Männer ist fast alles geregelt, Frauen haben mehr Freiheit. So gibt es eine ganze Reihe Jobs, bei denen die Herren in Anzug und Krawatte erscheinen müssen. Wer kein Risiko eingehen will, der greift zum Business-Anzug im klassischen Stil. Zum Anzug passt immer ein weißes Hemd. Die Krawatte ist ein Muss. In vielen Jobs darf die Krawatte auch weggelassen werden. Auch Country-Hemden werden akzeptiert. Wer sie ohne Krawatte trägt, muss die Knöpfe schließen. Für die Dame gibt es weniger feste Regeln. Ob sie im Business-Kostüm ins Büro kommen muss, hängt vom Arbeitsplatz ab. Doch ob Managerin oder Kassiererin, Tabus sind generell: zu tiefe Ausschnitte, zu kurze Röcke und bauchfreie Tops. Die Kleidung muss zum Menschen und zur Situation passen. Das heißt: Zu einem Vorstellungsgespräch in einer konservativen Branche erscheint der Mann immer im Anzug. Und das Wetter diktiert nur bedingt das Outfit. Zumindest im Büro tragen Herren nämlich nie kurze Hose. Das ist auch bei 40 Grad tabu.

Immer noch Thema sind Jeans. Toleriert werden sie in der Freizeit, manchmal auch im Job. Selbst Anzug-Träger haben den Kampf gegen die Jeans aufgegeben. Eine Hose, die von Milliardären und Bettlern, von Männern und Frauen, von Jungen und Alten getragen wird, mag einem missfallen, aber man wird sie immer tragen.

Die Kleiderwahl bei Abendveranstaltungen ist nicht einfach. Wenn man Sie um festliche Abendkleidung gebeten hat, sollte der Mann zwischen Smoking, Frack, Dinnerjacket und dunklem Anzug wählen. In Bayern werden auch Trachtenanzüge getragen.

Die Dame hat die Qual der Wahl. Sie kann zwischen kurzem und langem Abendkleid, festlichem Hosenanzug oder, in Bayern, dem edlen Dirndl wählen.

Schreiben Sie einen Leserbrief. Berufen Sie sich auf den Zeitungstext und setzen Sie Ihre Meinung dagegen.

Viele sagen/behaupten, dass es (nicht) üblich sei... Doch ... keineswegs/keinesfalls ...
Obwohl es oft heißt, Kleidung/Mode/Karriere sei/habe/spiele/könne ...
Auch wenn man oft sagt/hört/schreibt, viele Menschen seien/hätten/müssten...
Bei vielen Prominenten sieht es so aus, als gebe es ...

Äußern Sie sich zu der These „Kleider machen Karriere". Berücksichtigen Sie auch Bedenken oder Einwände.

Suchen Sie in der Presse Berichte über neuste Modeströmungen und Trends. Fassen Sie das Gelesene zusammen und schreiben Sie einen kurzen Bericht für die Zeitung. Präsentieren Sie ihre Berichte im Plenum.

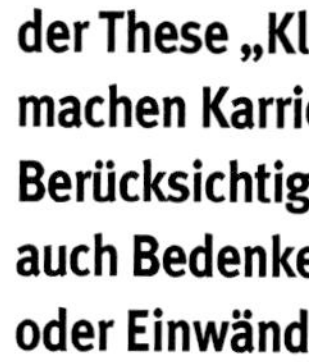

Lachen soll gesund sein

Die Fähigkeit zu lachen sei eine Art Medizin, die uns zu nahezu jeder Zeit kostenlos zur Verfügung stehe.

Können Sie sich daran erinnern, wann Sie das letzte Mal so richtig aus vollem Herzen gelacht haben? Kinder lachen etwa 400 Mal am Tag, Erwachsene gerade mal 15 Mal. Eine traurige Lachbilanz für Erwachsene, vor allem, wenn man weiß, welch positive Auswirkungen das Lachen auf unser seelisches und körperliches Befinden hat.

Setzen Sie den Zeitungsbericht in die indirekte Rede. Beginnen Sie so: ***Die Wissenschaftler ... weisen darauf hin, dass ...***

„Lachen stärkt das Immunsystem und stimuliert das Glückszentrum im Gehirn“, sagen die Wissenschaftler der Abteilung für Psychologie an der Universität Münster. „Das Tolle am Lachen und an der Freude ist, dass diese Ausdrucksformen etwas Elementares, typisch Menschliches sind. Schon die ersten menschlichen Vorfahren in Afrika haben gelacht. Die Fähigkeit zu lachen ist eine Art Medizin, die uns zu nahezu jeder Zeit kostenlos zur Verfügung steht. Lachen kann uns gesund erhalten oder zu unserer Gesundung beitragen. Beim Lachen werden in unserem Gesicht 18 Muskeln bewegt. Das Zwerchfell wird in Bewegung gesetzt und massiert Leber, Galle, Milz und Magen. Das fördert die Verdauung. Lachen beschleunigt den Puls und kurbelt den Kreislauf an, die Haut wird besser durchblutet. Das Lachen kann sogar Kopf-, Zahn- und Muskelschmerzen lindern. Lachen baut Ärger und Angst ab und hellt unsere Stimmung auf. Lachen stärkt unsere Abwehrkräfte. Lachen ist kostenloses Anti-Aging. Lachen und Heiterkeit halten das Gesicht jung, die Haut wird gestrafft und mit Sauerstoff versorgt. Eine Minute Lachen wirkt so erfrischend wie 45 Minuten Entspannungstraining. Es lohnt sich also zu lachen.“

Was hilft am besten beim Start in den Tag oder beim Einschlafen? Was hält fit und stärkt das Immunsystem?

Nach Meinung/ Angaben/Aussagen der Ärzte/Mediziner/Wissenschaftler ...
Laut der jüngsten Studien/Umfragen/Untersuchungen ...
Eine Umfrage hat ergeben, dass ...
Viele Menschen/Fachleute meinen/weisen darauf hin, dass ...
In einem Gesundheits-/Frauen-/Politmagazin wurde berichtet, ...

Recherchieren Sie Informationen zum Thema „Fitmacher für jeden Tag“ in Zeitschriften, Büchern oder im Internet. Fassen Sie zusammen und geben Sie mit Hilfe der Notizen wieder, was Sie erfahren haben. Stellen Sie Ihre Texte im Plenum vor und beantworten Sie Fragen dazu.

Die Amerikanische Gesellschaft für Chemie sagt, Schokolade senke das Risiko, an Krebs oder einem Herzleiden zu erkranken. Zucker und Tryptophan würden die Serotoninbildung im Gehirn anregen.

Schokolade auf Rezept

Die Amerikanische Gesellschaft für Chemie sagt: „Schokolade senkt das Risiko, an Krebs oder einem Herzleiden zu erkranken. Gleichzeitig wirken die Inhaltsstoffe auf Umwegen im Körper so, dass der Glücksbotenstoff Serotonin entsteht. Zucker und Tryptophan regen die Serotoninbildung im Gehirn an. Serotonin sorgt dafür, dass uns Alltagsärger und Stress nicht die Laune verderben. Es wirkt wie eine rosarote Brille für die Seele und hellt unsere Stimmung auf. Unser Körper stellt diese „Drogen" selber her. Aber ihre Produktion kann durch Eiweiß, Kohlenhydrate, Fett und Koffein „gepuscht" werden. Spezielle Botenstoffe, die bei der Herstellung der Schokolade entstehen, steigern zusätzlich die Serotoninbildung. Das Fett der Kakaobutter verstärkt die Wirkung des Zuckers. Wenn die Seele „hungert", fehlen also manchmal nur die richtigen Nährstoffe.

Aber auch hier gilt: Zu viel ist ungesund. Drei, vier Stück Schokolade machen den Menschen ruhiger und im Allgemeinen auch glücklicher. Wer sich aber seine gute Laune mit fetthaltigen Leckereien anfuttert, riskiert Übergewicht und damit mehr Frust als Freude. Man fühlt sich schlecht dabei und kann die Süße nicht mehr genießen.

Ein weiteres Geheimnis menschlichen Glücks haben die Forscher auch noch entdeckt: Es gibt einen direkten Zusammenhang zwischen Gerüchen, dem Immunsystem und der Stimmungslage. So bewirkt bereits der Duft von Schokolade, dass im Körper signifikant mehr Abwehrstoffe gegen Krankheiten gebildet werden. Nehmen Sie sich also Zeit und riechen Sie zumindest ab und zu an Schokolade.

Fassen Sie den Zeitungsbericht zusammen. Verwenden Sie die indirekte Rede.

Wie Ernährungsexperten mitteilen, ...
Eine Umfrage in ... hat ergeben, ...
Laut jüngsten Statistiken/Angaben ...
Viele Wissenschaftler/Mediziner/Fachleute meinen/behaupten, ...
In ... habe ich gelesen, ...

Was ist gut für die Gesundheit, was nicht? Berufen Sie sich auf unterschiedliche Quellen.

Berichten Sie über ein Lebensmittel, das aus unserem Leben nicht wegzudenken ist. Einigen Sie sich in Gruppen auf ein Produkt. Erarbeiten Sie Fragen und Schwerpunkte, auf die Sie sich konzentrieren möchten. Recherchieren Sie in Lexika, Zeitschriften oder im Internet und schreiben Sie einen Bericht für die Kurszeitung. Lesen Sie Ihre Berichte im Plenum vor und beantworten Sie Fragen.

Große Freiheit oder Hotel Mama?

Einer Meinungsumfrage zufolge würden 35 % der Jugendlichen das Elternhaus gern verlassen, denn dann wären sie frei und unabhängig und müssten keine Kompromisse schließen.

Wer mit dem Studium oder der Ausbildung beginnt, muss sich entscheiden zwischen dem Zimmer bei den Eltern, der eigenen Bude oder einer WG. Das „Hotel Mama" steht für Komfort und Bequemlichkeit. Außerdem sind finanzielle und psychologische Gründe wie Arbeitslosigkeit oder eine besondere Fürsorge der Eltern dafür verantwortlich, dass Jugendliche immer länger zu Hause wohnen bleiben.

Schreiben Sie eine Zusammenfassung für die Kurszeitung.

Für die „große Freiheit"
35 % wollen frei und unabhängig sein und keine Kompromisse schließen müssen.
29 % wollen sich nicht mehr mit Eltern oder Geschwistern herumschlagen müssen.
17 % wollen selbst über ihr Leben bestimmen können.
10 % hoffen, dass sich nach dem Auszug ihr Verhältnis zu den Eltern verbessern kann.
9 % hatten im Elternhaus keine Intimsphäre.
7 % meinen, dass das Leben im Elternhaus ihre Ausbildungsmöglichkeiten einschränkt.
3 % wollen keine Belastung für die Eltern sein.

Für das „Hotel Mama"
41 % wollen sich Kosten und Arbeit sparen.
33 % wollen sich nicht selbst um alles kümmern und schätzen einen vollen Kühlschrank, frische Wäsche und ein geputztes Bad im „Hotel Mama".
23 % wollen das Leben genießen können.
16 % geben ihr Geld lieber für Freizeit, Auto und Urlaub aus als für Wohnen und Essen.
8 % empfinden das Ausziehen aus dem Elternhaus als Herausforderung, der sie nicht gewachsen sind.

Welche Lebensformen bevorzugen junge Leute in Ihrer Heimat?

Laut Statistiken ... / Meinungsumfragen zufolge ...
Die Presse berichtet / Eine Umfrage hat ergeben, dass ...
Junge Leute / Jugendliche geben an / sagen, ...
Die Psychologen meinen / teilen mit, ...
Es heißt oft, ...

Machen Sie ein Interview mit Ihrem Partner. Fassen Sie die Informationen als Kurzmeldung für eine Zeitung zusammen.

Die Hamburger Psychologin Sybille Weber stellte fest, die Behauptung, Frauen würden viel Wert auf Pünktlichkeit legen, sei falsch.

Typisch Frau? – Typisch Vorurteil!

Schreiben Sie Kurzmeldungen für Ihre Kurszeitung.

Frauen sind Weltmeister im Zu-Spät-Kommen
Falsch: Frauen legen viel Wert auf Pünktlichkeit (die Hamburger Psychologin Sybille Weber – feststellen)

Frauen sind „Quasselstrippen"
Stimmt: Frauen hängen länger in der Leitung, durchschnittlich 10,4 Minuten (Telekom – angeben)

Frauen haben nah am Wasser gebaut
Richtig: Frauen weinen leichter, das liegt an dem Hormon Prolaktin, es ist im Körper der Frau um 60 Prozent mehr vorhanden als beim Mann (eine psychologische Studie – ergeben)

Frauen vertragen weniger Alkohol
Stimmt: Bei Frauen geht der Alkohol ungefiltert ins Blut, bei Männern sorgt ein Enzym schon im Magen für den Abbau des Alkohols (der Mediziner Dr. Arthur Güthner aus Tübingen – berichten)

Frauen fahren schlechter Auto
Irrtum: 71 Prozent aller Autounfälle mit Verletzten gehen auf das Konto der Männer, Frauen fahren nicht schlechter, sie fahren nur anders. Sie fahren defensiv. (das Bundesamt für Statistik – mitteilen)

Von welchen „Männer-Klischees" haben Sie gehört bzw. gelesen? Erzählen Sie.

Viele Menschen ... glauben/behaupten/sagen, ... sei typisch für Männer.
Eine Umfrage hat ergeben, dass Männer öfter/seltener/besser/schlechter ...
In einer Zeitung/Zeitschrift stand / habe ich gelesen, dass Männer ...
Immer wieder heißt es, ... Männer seien/würden/hätten ...
Sehr oft kann man auch hören/lesen, ...

Machen Sie in Gruppen eine Umfrage zum Thema „Welche Vorurteile gibt es in Bezug auf Menschen verschiedener Nationalität?" Schreiben Sie eine Reportage und geben Sie darin wieder, was Sie erfahren haben. Stellen Sie Ihre Texte im Plenum vor und beantworten Sie Fragen dazu.

Musikalität – angeboren oder erlernt?

Auf die Frage, ob Musikalität angeboren ist, gibt es vermutlich keine eindeutige Antwort.

Die einen kratzen jahrelang erfolglos auf ihrer Geige herum, andere spielen schon nach ein paar Monaten ein lockeres Solo. Die meisten Menschen glauben, musikalische Fähigkeiten seien ausschließlich vererbt. Aber in der Musikpsychologie gibt es diesbezüglich keine eindeutige Meinung

Ersetzen Sie die Modalverben durch Alternativen mit derselben Bedeutung.

Auf die Frage, ob Musikalität angeboren ist, dürfte es keine eindeutige Antwort geben.
Kinder, deren Eltern sich für Musik interessieren, dürften öfter musikalische Fähigkeiten haben.
Vererbung soll wichtig sein, aber nicht allein entscheidend.
Gute Gene müssen nicht zwangsläufig ein Genie ergeben.
Selbst das größte Talent dürfte nutzlos sein, wenn man nicht regelmäßig übt.
Ohne eine angemessene Umgebung, ohne Förderung könnte eine vorhandene musikalische Begabung nicht zum Vorschein kommen.
Auch der Zufall mag eine wichtige Rolle spielen.
Bei der Musikalität dürften körperliche, geistige und seelische Fähigkeiten beteiligt sein.
Auch ein gutes Gedächtnis für Melodien und Rhythmen könnte von enormer Bedeutung sein.
Unmusikalität dürfte viele Gründe haben: der falsche Lehrer, der falsche Zeitpunkt, das falsche Instrument.
Ein Geheimrezept für Musikalität muss es nicht geben.
Auch völlig „Unmusikalische" mögen Spaß an der Musik haben.
Und das dürfte das Wichtigste sein.

Wovon hängt es ab, ob Menschen musikalisch sind oder nicht? Äußern Sie Vermutungen.

Musikalität muss bei den meisten Menschen ...
Ich glaube, viele/einige müssten eigentlich ...
Fleiß und regelmäßiges Training dürften auch der Grund sein dafür, dass ...
Viele junge Leute müssen ...
Die meisten Kinder könnten durch die regelmäßige Musikerziehung ...

Sie sind Gastgeber einer Talkshow zum Thema „Wie wird man zum Musikgenie?" Einigen Sie sich in der Gruppe auf drei Gäste. Welche Themen und Probleme möchten Sie mit Ihren Gästen besprechen? Schreiben Sie eine Liste mit thematischen Schwerpunkten für Ihre Talkshow. Inszenieren Sie die Talkshows im Plenum.

Lästern muss viel Spaß machen.

Klatsch und Tratsch

Kleine indiskrete Gespräche über die Macken der anderen sind wie Süßigkeiten. Manchmal müssen sie einfach sein. Natürlich darf niemand etwas davon erfahren. Denn als Klatschtante oder Lästermaul will keiner dastehen.

Ersetzen Sie die unterstrichenen Wörter durch Modalverben mit derselben Bedeutung.

Lästern macht mit Sicherheit viel Spaß.
Es ist so gut wie sicher, dass alle lästern.
Männer tratschen wahrscheinlich genauso viel wie Frauen.
Jugendliche lästern zweifellos nicht weniger als Erwachsene.
Akademiker ziehen vermutlich über ihre Kollegen genauso oft her wie Bauarbeiter oder Köche.
Aber zum Lästerobjekt will vermutlich niemand gern werden.
Beim Lästern erfährt man möglicherweise viel über sich selbst.
Die schönsten Plätze zum Lästern sind mit Sicherheit Straßencafés und Partys bei Freunden.
Aber auch im Büro wird wohl viel gelästert.
Lästerstoff am Arbeitsplatz gibt es vermutlich in Hülle und Fülle.
Die Geschichten sind vielleicht nicht brandneu.
Aber als Abwechslung zum anstrengenden Arbeitstag sind sie zweifellos tauglich.

Lästern Sie ab und zu über Ihre Freunde/Bekannten/Kollegen? Besprechen Sie Argumente gegen und für das Lästern.

Bei einigen Leuten dürfte das Lästern der Grund dafür sein, dass sie ...
Es könnte dabei auch um ... gehen.
Lästern mag unmoralisch sein, aber ...
Wenn man beim Lästern erwischt wird, könnte es ...
Du meinst / Sie meinen also, lästern könnte/muss/müsste/dürfte ...
Wenn ich dich/Sie richtig verstehe, würdest du / würden Sie ...

Entwerfen Sie in Partner- oder Gruppenarbeit einen Comic zum Thema „Heute schon gelästert? – Peinlich, peinlich ...". Zeichnen Sie einfache Bilder und schreiben Sie den Text für die Sprechblasen. Präsentieren bzw. inszenieren Sie Ihre Comics im Plenum.

Heute schon ein UFO gesehen?

Menschen aus Kalifornien wollen Anfang Mai blitzende Streifen aus grünem und orangefarbenem Licht gesehen haben.

Das häufigste unerklärliche Phänomen dürfte die Vielzahl an Ufo-Sichtungen auf der ganzen Welt sein. Die Berichte über Beobachtungen von unbekannten Himmels- und Flugobjekten gehen inzwischen sicherlich in die Millionen.

Schreiben Sie einen Leserbrief. Berufen Sie sich auf den Zeitungstext und setzen Sie Ihre Meinung dagegen.

Angeblich haben Menschen schon vor tausend Jahren unbekannte Flugobjekte am Himmel gesehen. In neuster Zeit erlebt das Interesse für dieses Phänomen eine Renaissance.
Viele Menschen behaupten, dass sie UFOs beobachtet haben. Gerüchten zufolge sind einige Flugobjekte sogar auf der Erde gelandet und Leute sind ein- und ausgestiegen.
BELGIEN – Achtzehn Polizeibeamte sahen in der Nacht vom 30. auf den 31. März leuchtende Dreiecke. Tageszeitungen berichteten, dass auch die belgische Luftwaffe nicht erklärbare Radarsignale empfangen habe.
USA – Menschen quer durch Südkalifornien berichten, dass sie Anfang Mai blitzende Streifen aus grünem und orangefarbenem Licht gesehen haben.
ITALIEN – Hunderte von Menschen und mehrere Piloten berichteten, sie hätten über Rom ein nicht identifizierbares Flugobjekt gesehen.
RUSSLAND – Piloten und Fluglotsen von St. Petersburg haben einen blaugrünen Ball beobachtet, der am Abend über der Stadt schwebte. Sprecher des Observatoriums behaupten aber, dass es ein Meteor gewesen sei, da es im Monat zuvor mehrere Meteorschauer gegeben habe.

Was halten Sie von solchen Meldungen? Äußern Sie Bedenken und Zweifel.

Ich habe Folgendes gehört/gelesen: Wissenschaftler/Piloten/Fluglotsen sollen ... Doch ich glaube nicht, dass ...
Viele Menschen wollen ... gesehen/gesichtet/beobachtet haben. Wenigstens behaupten sie es. Aber ich zweifle daran.
UFOs sollen schon ... Darüber wird in der Presse / im Fernsehen berichtet.
In der Zukunft soll/sollen ... Das habe ich in einer Zeitschrift gelesen.
Doch ich frage mich, ob ...

Suchen Sie in der Presse Berichte über paranormale Phänomene: gespenstische Lichterscheinungen, polternde Geister oder unbekannte Flugobjekte. Fassen Sie das Gelesene zusammen und schreiben Sie ein Kurzreferat, in dem Sie Stellung zum Thema beziehen. Halten Sie Ihre Referate im Plenum und beantworten Sie Fragen.

Lösungsvorschläge zum 1. Aufgabenschritt der Arbeitsblätter

1 **Adjektiv: Deklination**

Träumen – nicht verboten

Ich träume von einer schicken Villa mit einer fantastischen Aussicht an einer einsamen Meeresküste; von einem lukrativen Job mit tollen Chancen in einer renommierten Firma; von einem sorgenfreien Leben und einem langen Urlaub in einer traumhaften Stadt; von einem romantischen Haus aus echtem Holz auf einem malerischen Berg; von einem zärtlichen Partner mit dickem Bankkonto ...

2 **Adjektiv: Deklination**

Lieblingsfilme

Ich mag Filme mit einer witzigen Story und guten Schauspielern; mit einer spannenden Action und genialen Effekten; mit einer fantasievollen Geschichte und poetischen Bildern. Sehenswert finde ich auch Filme zu aktuellen Themen und von guten Regisseuren; mit schickem Design und vor traumhafter Kulisse; mit intelligentem Humor und mit talentierten Schauspielern ...

3 **Adjektiv: Deklination**

Angst vor dem Chef?

Ich halte nicht viel von autoritären Chefs mit aggressivem Charakter; von taktlosen Vorgesetzten mit mangelndem Verantwortungsgefühl; von arroganten Sekretärinnen mit schwacher Menschenkenntnis. Ich wünsche mir zuverlässige Arbeitskollegen mit Sinn für Humor; gut aussehende Sekretärinnen mit engelhafter Geduld; freundliche Chefs mit überragender Intelligenz ...

4 **Adjektiv: Deklination**

Mögen Sie Comics?

Stephan, 24: ein echter Comic-Fan, diese bunten Hefte, mit der kultigen Comicserie, moderne Romane, eine interessante Biografie, einen neuen Comic.
Sabine, 43: ein witziges humorvolles Kinderbuch, ein geheimnisvolles Märchen, von schönen Feen, dem bösen Zauberer, japanische Comics, das Blöde, heutige Kinder.
Viktor, 38: ein spannender Krimi, mit explosivem Stoff und geheimnisvollen Figuren, eine bewegende Liebesgeschichte, ein tolles Kochbuch, in schöner Kulisse, von weltbekannten Regisseuren, für kleine und große Comic-Fans, den ewigen Kampf des Guten gegen das Böse.
Erika, 51: großen Schaden, die modernen Comicfiguren, riesige Monster, zu Aliens mutierte Menschen, bei jungen Lesern, heftige Emotionen, große Angst, schwere Schlafstörungen, psychische Probleme.

5 **Adjektiv: Deklination**

Tipps gegen den Novemberblues

- ● das ungemütliche Wetter, in die freie Natur, die frische Luft
- ○ ganz einfache Dinge, das Genießen der kleinen Freuden des alltäglichen Lebens, ein regelmäßiges und bewusstes fünfminütiges „Abschalten“
- ■ ein kleiner Spaziergang, das herbstliche Stimmungstief
- □ Trübe Novembertage, heraus aus dem kuscheligen Sessel – hinein ins pralle Leben
- ▲ Ein gemütlicher Kinoabend, in die weichen Plüschsessel, süßes Popcorn, rührselige Filme
- △ feines Bergamotte- oder Jasminöl, bei trüber Stimmung, traurige Gedanken
- ● ein heißes Bad mit entspannender Musik, eine romantische Kutschenfahrt mit anschließendem Candle-Light-Dinner
- ○ Bunte Kleidung in lebendigen Farben, stimmungsaufhellendes Gelb, kreative Orangetöne, beruhigendes Grün, grelles Rot, gute Laune
- ■ Gemeinsames Kuscheln bei romantischem Kerzenschein, heißer/heißen Kakao

6 **Partizipien**

Der Natur auf der Spur

Im Hintergrund sieht man von den Blumen übersäte Hügel und gemütlich am Hang grasende Kühe. Ein kühler, sanft das Gras wiegender Morgenwind weht. Das Wasser eines kleinen Bergflusses bespült mit Moos bewachsene Steine. Die ersten in Tautropfen glitzernden Sonnenstrahlen blitzen durch das dichte Grün der am Fluss stehenden Weiden. In den Bäumen zwitschernde Vögel und übers Wasser tanzende Schmetterlinge werden von der Sonne angestrahlt.
Auf dem zweiten Bild sehe ich eine durch Autobahnen und Kanäle zerstörte Landschaft und gefällte Bäume. Das mit Öl und Benzin verseuchte Wasser ist dunkelbraun. Überall sieht man leere ins Gebüsch geworfene Bierdosen und achtlos liegengelassenen Zigarettenschachteln. Im Hintergrund ist eine breite Straße. Der Tag für Tag über diese Straße rollende Verkehr hat die Luft fast undurchsichtig gemacht. Die Botschaft dieses Bildes ist klar: Wir müssen endlich etwas gegen die von Jahr zu Jahr schlimmer werdende Luftverschmutzung unternehmen.

7 **Partizipien**

„Tourist“ – immer noch ein Schimpfwort?

Es gibt sehr wohl Kontakt mit Einheimischen suchende Urlauber; sich nicht nur in Gruppen bewegende Menschen; nicht den ganzen Tag am Pool sitzende Reisende.
Sie verzichten auf ein vom Reiseunternehmen festgelegtes Programm; künstlich arrangierte Erlebnisse; von Animateuren des Hotels organisierte Tanzabende; kollektiv durchgeführte Ausflüge.
Sie halten sich fern von überfüllten Stränden; viel bereisten Gebieten; in jedem Reiseprospekt stehenden Sehenswürdigkeiten; oft überbuchten großen Hotels.

8 Partizipien
Beruf: Traum und Wirklichkeit
Man macht sich Gedanken über sich in der Gesellschaft vollziehende Veränderungen; die in einigen Branchen immer schlechter werdenden Berufschancen; bereits herausgefundene eigene Interessen und Stärken.
Von Vorteil wäre/wären in der Schule erworbene Fremdsprachenkenntnisse; eine breit angelegte Ausbildung; in unterschiedlichen Bereichen gesammelte Erfahrungen; das auf den Beruf vorbereitende Praktikum.
Am besten entscheidet man sich für eine den eigenen Stärken und Interessen entsprechende Tätigkeit; die zum individuellen Persönlichkeitsprofil passende Arbeit; einen in der Gesellschaft benötigten Beruf.

9 Partizipien
Erde in Gefahr
Die knapp werdenden fossilen Brennstoffe und die ständig zunehmende Überbevölkerung der Erde zwingen die Menschen, auf die anderen Planeten auszuweichen. Auch die ständig schrumpfende Ozonschicht und die immer stärker werdende UV-Strahlung stellen eine große Gefahr dar. Das sich erwärmende Klima hat dazu beigetragen, dass wir es heute mit weiter schmelzenden Gletschern und einem steigenden Meeresspiegel zu tun haben. Die durch den Treibhauseffekt bedingte Meereserwärmung führt zu immer öfter überfluteten Küstengebieten. Dazu kommt noch ein Problem. Das Spraydosentreibgas und die in der Landwirtschaft verwendeten Pestizide sind der Grund dafür, dass die Zahl von aussterbenden oder schon ausgerotteten Tier- und Pflanzenarten immer höher wird. Deswegen dürfen die Menschen das Problem des immer realer werdenden Untergangs der Menschheit nicht unterschätzen.

10 Partizipien
Amerikanische Filme – ein Exportschlager
Amerikanische Filme haben Storys, die bis zum Schluss für Hochspannung sorgen; irre Tricks und Animationen, die am Computer entworfen werden; Geschichten, die das Publikum amüsieren und neugierig machen; Special Effects, die beeindrucken; Storys, die universell wirken; Geschichten, die den Kampf zwischen Gut und Böse inszenieren; ein Happyend, das nie aus der Mode kommt; Beziehungsdramen, die den Zuschauer schockieren; Horrorfilme, die lange Zeit als brutal abgestempelt waren; explosive Stoffe, die hohen Gewinn bringen; Spannung, die bis zum Schluss fesselt; Filme, die das Publikum anlocken und gut inszeniert sind; Bilder, die überwältigen.

11 Partizipien
Liebe geht durch den Magen
Gegrillte Ente mit gekochtem Gemüse und hausgemachtem Kartoffelsalat. Pürierte Kartoffeln mit geschmolzener Butter. Panierter Mozzarella mit gebackenen Kartoffeln in cremig gerührter Jogurtsauce. Gemischter Salat mit gekochtem Ei. Gebratene Krabben mit fein gewürztem Reis. Frisch gepresster Orangensaft und selbst gebackene Mandelplätzchen mit geriebener Orangenschale und mit gemahlenem Zimt. Frisch gemahlener Kaffee mit hausgemachtem Apfelkuchen.

12 Partizipien
Kleider machen Leute
In der Arbeit trage ich meistens einen klassisch wirkenden Anzug. Zu Hause ziehe ich oft eine verwaschene Jeans oder einen eingelaufenen Pullover an. Beim Sport trage ich meistens eine bequem geschnittene Hose und ein knapp sitzendes T-Shirt. Wenn ich auf eine Party gehe, ziehe ich ein weit ausgeschnittenes Kleid oder eine die Figur betonende Bluse aus glitzerndem Stoff an. Und dazu trage ich eine passende Kette. Zu einem Betriebsfest würde ich vielleicht ein elegant aussehendes Kostüm anziehen. In meiner Freizeit trage ich gern lässig wirkende Sachen.

13 Indirekte Fragesätze
Ein Tier als Weihnachtsgeschenk
Man sollte sich vorher fragen / Man sollte sich auf jeden Fall überlegen, welches Tier am besten zu dem/der Beschenkten passt; ob die ganze Familie mit einem neuen Hausgenossen einverstanden ist; ob die Wohnung zur artgerechten Tierhaltung geeignet ist; wer für das Tier während der Urlaubszeit sorgt; ob der Vermieter einverstanden ist; ob das gelegentliche Bellen nicht stören wird; ob man Zeit hat mit dem Hund täglich spazieren zu gehen; wie hoch die Futterkosten sind; ob Hundesteuer und Haftpflichtversicherung bezahlt werden können; ob man über ausreichende Kenntnisse zur tiergerechten Haltung verfügt.
Die Frage, ob der/die Beschenkte mit der Verantwortung und Pflicht nicht überfordert ist, muss geklärt werden.

14 Indirekte Fragesätze
Ferien im Weltall
Viele Reiseunternehmer interessiert die Frage, wie lange so ein Flug in der Regel dauern wird. Es stellt sich die Frage, wie die Gäste ins All transportiert werden können. Die Mediziner wollen wissen, wie die Gäste auf die Schwerelosigkeit vorbereitet werden sollen. Es ist noch nicht geklärt, wie hoch das Risiko sein wird. Viele interessieren sich dafür, wo die Touristen untergebracht werden. Die Fachleute wissen noch nicht, wie ein Weltraumhotel aussehen soll. Die Frage, ob alle Interessenten ins All fliegen können werden, wird immer lauter. Die Experten denken darüber nach, welche Versicherung abgeschlossen werden muss. Die Wissenschaftler haben noch keine Klarheit darüber, mit welchem Treibstoff die Rakete fliegen soll. Es ist noch unbekannt, welche Auswirkungen der Weltraumtourismus auf die Atmosphäre haben kann. Die Banken wollen wissen, mit wie vielen Weltraumtouristen man pro Jahr rechnen kann.

15 Indirekte Fragesätze
Guter und schlechter Stress
Das Rätsel, was genau Stress im Job verursacht, ist noch nicht ganz aufgeklärt. Von der Antwort auf die Frage, wie sich Stress im Job wirkungsvoll bekämpfen lässt, hängt der Erfolg jedes Unternehmens ab. Die Frage, ob die Aufgaben für alle Mitarbeiter/innen klar festgelegt sind, muss unbedingt geklärt werden. Auch die Antwort auf die Frage, worauf lange Arbeitszeiten, häufige Unterbrechungen und Termindruck zurückzuführen sind, ist strategisch wichtig. Es ist entscheidend, ob es Möglichkeiten für Mitarbeiter/innen

gibt, Kritik zu üben. Es muss besprochen werden, ob man diese Kritik ernst nimmt und ob man die Verbesserungsvorschläge umsetzt. Die Frage, ob den Mitarbeitern / Mitarbeiterinnen bekannt ist, an wen sie sich bei Problemen wenden können, sollte man sich auf jeden Fall stellen.

16 Temporalsätze

Private Bildungsindustrie

Solange sich nichts am öffentlichen Bildungssystem ändert, werden Eltern ihre Kinder in private Schulen stecken. Solange die Kinder an staatlichen Schulen nicht genügend gefördert werden, werden Privatschulen boomen. Solange Lehrer an öffentlichen Schulen gestresst und überfordert sind, investieren Eltern in die Bildung ihrer Kinder viel Geld. Solange die Klassen an staatlichen Schulen überfüllt sind und der Unterricht oft ausfällt, wird die private Bildungsindustrie boomen. Solange es an öffentlichen Schulen wenig Kreativität und individuelle Förderung gibt, werden die Kinder in privaten Eliteschulen untergebracht. Solange es an staatlichen Schulen zu wenige Computer, alte Lehrbücher und nicht genügend Lehrer gibt, schicken Eltern ihre Kinder nicht auf eine staatliche Schule.

17 Temporalsätze

Auf immer und ewig

Ich finde, dass man nicht heiraten soll / Ich finde es völlig o. k. zu heiraten, bevor man einander näher kennen gelernt hat; bevor man die Eltern des Partners kennen gelernt hat; bevor man sich einander ein wenig angeglichen hat; bevor man viel zusammen unternommen hat; bevor man den Partner einer gründlichen Prüfung unterzogen hat; bevor man den richtigen Mix aus fester Beziehung und persönlicher Freiheit gefunden hat.
Viele Leute geben sich das Jawort, nachdem sie das wahre „Innere" des Partners gefunden haben; nachdem sie intensive Gespräche über die Zukunft geführt haben; nachdem sie dem Partner absolute Treue geschworen haben; nachdem sie die eine oder andere Krise zusammen durchgestanden haben; nachdem sie sich mindestens einmal gestritten und es noch einmal miteinander versucht haben; nachdem sie andere Erfahrungen gemacht haben.

18 Temporalsätze

Schulsport im Abseits?

Es gibt für „unsportliche" Schüler keine Chance, solange theoretische Kenntnisse, Teamfähigkeit und Hilfsbereitschaft nicht bewertet werden. Es ändert sich nichts, solange nur wenige Sportlehrer ausgebildet werden. Die Jugendlichen finden den Schulsport langweilig, solange die Sportlehrer von Trendsportarten nichts wissen wollen. Die Schüler schwänzen den Sportunterricht, solange ihre Interessen und Bedürfnisse unberücksichtigt bleiben. Der Schulsport macht keinen Spaß, solange er nicht abwechslungsreich genug gestaltet wird. Der Unterricht motiviert die Schüler nicht zur Teilnahme, solange viele Schulen nicht die nötige Ausstattung für aktuelle Trendsportarten wie z. B. Klettern haben. Die Situation wird nicht besser, solange man nicht nur die gesundheitlichen Vorteile, sondern auch die sozialen Aufgaben des Schulsports anerkennt.

19 Temporalsätze

Hausaufgaben aus dem Netz

Bevor sie ein Referat schreiben, recherchieren viele von zu Hause aus Informationen zum Thema. Während Jugendliche im Internet surfen, bilden sie sich weiter und lernen je nach den individuellen Interessen orts- und zeitunabhängig. Während Schüler und Schülerinnen Hausaufgaben mit Hilfe des Internets vorbereiten, wird auch ihre Medienkompetenz entwickelt. Bis das Internet erfunden wurde, haben faule Schüler ihre Hausaufgaben heimlich in der Pause abgeschrieben. Seitdem Online cheating erfunden worden ist, können Schüler und Schülerinnen endlich online abschreiben. Bevor man eine Facharbeit schreibt, lohnt sich ein Blick auf die Adresse www.hausaufgaben.com. Auch bevor die ersten Hausaufgaben im Internet erschienen sind, hat es Schummeleien gegeben. Seitdem man das Internet nutzt, ist einfach eine weitere Quelle dazugekommen. Solange Referate und Aufsätze erstellt werden, sollten die Lehrer den Prozess des Schreibens aufmerksamer begleiten und zwischendurch die Fortschritte überprüfen. Nachdem ein Schüler oder eine Schülerin eine unerwartet gute Arbeit abgeliefert hat, kann man ihn/sie mündlich prüfen, ob er/sie sich das Wissen erarbeitet oder abgeschrieben hat.

20 Konsekutivsätze

Kunst = Genuss?

Man sollte sich für einen Museumsbesuch so viel Zeit nehmen, dass man die Kunst verstehen und genießen kann. Sensationelle Ausstellungen ziehen so viele Schaulustige an, dass sie sich zu Mega-Events entwickeln. Viele Ausstellungen sind so voll, dass die Besucher von stillem Genuss nur träumen können. Viele rennen so schnell durchs Museum, dass sie kaum noch Zeit zum Genießen und Verstehen haben. Bei kurzen Museumsbesuchen kriegt man so wenig von der Kunst mit, dass am Ende nur oberflächliche Information bleibt. Museumsführungen sind manchmal so langatmig, dass vielen die Lust auf Kunst vergeht.

21 Konsekutivsätze

Das Handy – ein Kultobjekt?

Das Handy ist in allen Medien präsent, so dass es bereits zu einem Kultobjekt geworden ist. Viele geben dafür viel Geld aus, so dass sie sich andere Dinge nicht mehr leisten können. / Viele geben dafür so viel Geld aus, dass sie sich andere Dinge nicht mehr leisten können. Bei einigen Menschen klingelt das Handy ständig, so dass es die anderen nervt. Die Person mit dem Handy in der Hand oder am Ohr ist heutzutage selbstverständlich, so dass niemand sich mehr darüber wundert. / Die Person mit dem Handy in der Hand oder am Ohr ist heutzutage so selbstverständlich, dass niemand sich mehr darüber wundert. Der Short Message Service ist beliebt, so dass besonders junge Leute davon Gebrauch machen. Jedes Jahr gibt es viele neue Modelle, so dass Kinder und Jugendliche immer wieder in Versuchung kommen. / Jedes Jahr gibt es so viele neue Modelle, dass Kinder und Jugendliche immer wieder in Versuchung kommen. Das Problem ist ernst, so dass Lehrer und Psychologen den richtigen Umgang mit dem Handy auf den Lehrplan setzen wollen. / Das Problem ist so ernst, dass Lehrer und Psychologen den richtigen Umgang mit dem Handy auf den Lehrplan setzen wollen. In manchen Situationen muss man sofort reagieren, so dass ein Handy Leben retten kann.

22 Konsekutivsätze

Exoten in Not

Der illegale Artenhandel fährt so hohe Gewinne ein, dass diese nur knapp vom Drogenhandel übertroffen werden. / Der illegale Artenhandel fährt hohe Gewinne ein, so dass diese nur knapp vom Drogenhandel übertroffen werden. Das Risiko dabei ist so niedrig, dass viele Urlauber in gefährliche Versuchung kommen. / Das Risiko dabei ist niedrig, so dass viele Urlauber in gefährliche Versuchung kommen. Der internationale Handel mit gefährdeten Tieren und Pflanzen ist so groß, dass die Zahl vieler wild lebender Arten drastisch zurückgeht. / Der internationale Handel mit gefährdeten Tieren und Pflanzen ist groß, so dass die Zahl vieler wild lebender Arten drastisch zurückgeht. Die Tiere werden unter schlechten Bedingungen transportiert, so dass nur ein Bruchteil der Tiere den Transport überlebt. / Die Tiere werden unter so schlechten Bedingungen transportiert, dass nur ein Bruchteil der Tiere den Transport überlebt. Viele Tiere werden falsch gefüttert, so dass sie krank werden und sterben. / Viele Tiere werden so falsch gefüttert, dass sie krank werden und sterben. In Europa ist es kalt, so dass viele Exoten an Lungenentzündung und Unterkühlung sterben. / In Europa ist es so kalt, dass viele Exoten an Lungenentzündung und Unterkühlung streben. Die meisten exotischen Tiere sind so sensibel, dass man über Fachwissen verfügen muss, um diese Tiere zu halten. / Die meisten exotischen Tiere sind sensibel, so dass man über Fachwissen verfügen muss, um diese Tiere zu halten. Die Gefahr, dass viele exotische Tiere und Pflanzen verschwinden, ist so groß, dass Reisende darauf verzichten sollten, exotische Tiere und Pflanzen als Souvenirs heimzubringen. / Die Gefahr, dass viele exotische Tiere und Pflanzen verschwinden, ist groß, so dass Reisende darauf verzichten sollten, exotische Tiere und Pflanzen als Souvenirs heimzubringen. Die Situation ist Besorgnis erregend, so dass die Tierschutzorganisationen ein totales Importverbot für exotische Tiere fordern. / Die Situation ist so Besorgnis erregend, dass die Tierschutzorganisationen ein totales Importverbot für exotische Tiere fordern.

23 Konsekutivsätze

Urlaubsstress – Urlaubsärger

Das Hotel liegt so nahe an einer Autobahn, dass man nachts nicht schlafen kann. / Das Hotel liegt nahe an einer Autobahn, so dass man nachts nicht schlafen kann. Die Anfahrt zum Hotel ist so anstrengend, dass man den Urlaubern so etwas nicht zumuten kann. / Die Anfahrt zum Hotel ist anstrengend, so dass man den Urlaubern so etwas nicht zumuten kann. Die Hotelzimmer sind so klein und ungemütlich, dass die Hotelgäste sich nicht wohl fühlen. / Die Hotelzimmer sind klein und ungemütlich, so dass die Hotelgäste sich nicht wohl fühlen. Der Strand ist so weit, dass man die Strecke nicht zu Fuß schaffen kann. / Der Strand ist weit, so dass man die Strecke nicht zu Fuß schaffen kann. Der Weg zum Strand ist so steil und so gefährlich, dass kleine Kinder und ältere Leute ihn einfach nicht benutzen können. / Der Weg zum Strand ist steil und gefährlich, so dass kleine Kinder und ältere Leute ihn einfach nicht benutzen können. Das Meer ist so schmutzig, dass man keine Lust zum Schwimmen oder Tauchen bekommt. / Das Meer ist schmutzig, so dass man keine Lust zum Schwimmen oder Tauchen bekommt. Das Wetter ist so kalt, dass das Liegen am Strand keinen Spaß macht. / Das Wetter ist kalt, so dass das Liegen am Strand keinen Spaß macht.

24 Vergleichssätze

Jung sein

Je öfter wir neue Leute kennen lernen, umso mehr Chancen haben wir im Leben. Je länger die Jugend dauert, desto mehr kann man in dieser Zeit ausprobieren. Je freier man von Vorurteilen ist, desto weltoffener ist man. Je jünger die Menschen sind, umso weniger Sorgen machen sie sich um ihre Zukunft.
Je später man erwachsen wird, umso schwerer hat man es im Leben. Je früher Menschen im Berufsleben stehen, umso schneller machen sie Karriere. Je älter man wird, umso stärker achtet man auf moralische Werte. Je abhängiger man von seinen Eltern ist, umso komplizierter ist es, den eigenen Platz im Leben zu finden. Je kritischer Jungendliche sind, umso engagierter werden sie später.

25 Vergleichssätze

Kitsch oder Gemütlichkeit?

Je schöner die Wohnung eingerichtet ist, desto wohler fühlt man sich darin. Je älter die Möbel in der Wohnung sind, umso gemütlicher ist es. Je besser der Geschmack des Bewohners ist, umso mehr Stil hat die Wohnung. Je mehr Bilder, Vasen und Tischdecken man im Haus hat, desto persönlicher wirkt das Haus. Je massiver und teurer die Möbel sind, desto repräsentativer wirkt das Haus auf die Gäste. Je mehr Wert man auf guten Stil legt, umso mehr Geld gibt man für Designermöbel aus. Je kreativer die Bewohner sind, umso origineller sieht das Haus aus. Je weniger man sich finanziell leisten kann, desto einfacher richtet man sich ein. Je jünger die Menschen sind, umso schlichter und praktischer sind die Möbel.

26 Vergleichssätze

Beziehung auf dem Prüfstand

Je mehr Vertrauen man zueinander hat, desto länger hält die Partnerschaft. Je intelligenter man ist, desto weniger Beziehungsstress gibt es. Je öfter man ein offenes Ohr füreinander hat, desto leichter kann man kommunizieren. Je seltener man einander belügt, desto weniger Vorwürfe gibt es. Je mehr gemeinsame Interessen man hat, desto kleiner ist das Trennungsrisiko. Je zärtlicher man zueinander ist, desto leichter verzeiht man einander. Je öfter man aneinander denkt, desto besser lernt man einander kennen. Je mehr man gemeinsam unternimmt, desto schneller zieht man zusammen. Je mehr man voneinander lernt, desto fester ist die Beziehung. Je leichter man einander verzeiht, desto weniger Angst hat man vor Streit.

27 Vergleichssätze

Studieren mit 35

Je später man mit dem Studium beginnt, desto bewusster werden die Anstrengungen des Studierens wahrgenommen. Je später man sich für das Studium entscheidet, umso größer ist die Belastung durch Familie und Kinder. Je länger man mit dem Studium wartet, umso begehrter ist das Diplomzeugnis. Je schwieriger das Studium mit Mitte dreißig ist, umso größer der Arbeitsenthusiasmus und die Eigeninitiative der Studierenden. Je mehr Lebenserfahrung die „späten" Studenten haben, desto enger ist der Bezug zur Praxis. Je besser die reifen Akademiker abschneiden, desto größer sind ihre Chancen auf dem Arbeitsmarkt.

28 Vergleichssätze

Bestseller, nein danke!

Je mehr Gerüchte es rund um diesen Film gibt, desto besser finden ihn die Zuschauer. Je bekannter der Autor (ist), desto höher sind die Erwartungen. Je prominenter die Schauspieler (sind), desto mehr Preise bekommt der Film. Je öfter der Regisseur und die Schauspieler im Fernsehen erscheinen, desto begeisterter nehmen die Menschen den Film auf. Je bekannter der Regisseur (ist), desto mehr Publikum lockt der Film an. Je größer der Medienrummel um das Buch (ist), desto mehr Menschen finden es toll. Je jünger der Autor (ist), desto geringer sind seine Chancen auf Erfolg. Je mehr die Presse sich mit dem Buch beschäftigt, desto lieber will man das Buch lesen. Je ernster die Themen (sind), desto weniger Menschen wollen den Film sehen oder das Buch lesen. Je kleiner das Budget eines Films (ist), desto bescheidener ist das Interesse der Zuschauer.

29 Vergleichssätze

TV-süchtig?

Je tiefer man sich in den Sessel sinken lässt, desto schwerer fällt das Aufstehen. Je länger man vor dem Fernseher sitzen bleibt, desto schneller macht sich der Sauerstoffmangel bemerkbar. Je seltener man an die frische Luft geht, desto unbeweglicher und passiver wird man. Je seltener man sich bewegt, desto schlapper und fauler wird man. Je bequemer man es hat, desto langweiliger wird das Leben. Je öfter man seine Freizeit zu Hause verbringt, desto unzufriedener ist man mit sich selbst. Je häufiger es passiert, desto komplizierter wird es, sich zu etwas aufzuraffen. Je länger man seine Faulheit und Trägheit „pflegt", desto wichtiger ist es, den ersten Schritt zu machen.

30 Vorgangspassiv: Präsens

Frühes Lernen

Sehr geehrte Damen und Herren,
ich habe in Ihrer Zeitung zwei Meinungen zum Thema „Frühes Lernen" gelesen und war von Silvias Einstellung total begeistert. Ich bin auch dafür, dass schon in früher Kindheit das Interesse der Kleinen für die Welt geweckt wird, den Kindern Freude am Lernen vermittelt wird und sie motiviert werden. Die Kleinkinder werden durch das gemeinsame Spielen, Vorlesen, Experimentieren gefördert und das Lernen wird in den Alltag integriert. So werden die Kinder auf die Schule vorbereitet. Ich finde es auch richtig, dass genügend Anregungen zum Spielen und Experimentieren geschaffen werden. Allerdings darf die Latte für die Kinder nicht zu hoch gelegt werden. Diesbezüglich stimme ich Karl-Heinz schon zu. Denn ich finde es unverantwortlich und sogar schädlich, wenn von Zwei- bis Fünfjährigen Höchstleistungen erwartet werden. Oft werden die Kinder von ihren Eltern ohne Sinn und Verstand gefördert und es werden Fähigkeiten trainiert, für die das kindliche Gehirn noch nicht reif ist. Kinder werden in zahlreiche Kurse und Schulen gesteckt. Und wozu das Ganze? In diesem Alter ist es unheimlich wichtig, dass den Kleinen Raum zum Spielen und für Sport gelassen wird. Sonst werden die Kinder demotiviert und ihr Selbstbewusstsein wird geknickt. Und da sind schlechte Schulleistungen vorprogrammiert.
Mit freundlichen Grüßen

31 Vorgangspassiv: Präsens

Hausunterricht ist „in"

Ich sehe den Vorteil darin, dass den Kindern Angst vor der Schule genommen wird und dass der Stress reduziert wird. Begabungen und Interessen des Kindes werden stärker berücksichtigt. Ein weiterer Vorteil ist, dass von den Kindern das eigene Tempo beim Lernen entwickelt wird. Ich finde es gut, dass die Schüler nicht in die Vorgaben staatlicher Lehrpläne gepresst werden und dass ihnen genug Freiraum für die individuelle Förderung gelassen wird. Beim Heimunterricht werden die Kinder individuell und umfassend je nach ihrer momentanen Entwicklung gebildet und gefördert. In der kleinen Gruppe und der ruhigen und entspannten Atmosphäre wird die beste Voraussetzung für erfolgreiches Lernen geboten. Es ist wichtig, dass alle Schüler gefördert werden und dass auf alle ganz individuell eingegangen wird.
Ein Nachteil ist, dass der Umgang mit Altersgenossen verlernt wird und dass weniger Erfahrung gesammelt wird. Die zu Hause unterrichteten Kinder werden nicht so stark in den Alltag einbezogen und nicht ermutigt, aktiv an der Gesellschaft teilzunehmen.

32 Vorgangspassiv mit Modalverb: Präsens

Familienpsychologie als Schulfach

Die hohe Scheidungsrate und die hohe Arbeitslosigkeit dürfen nicht allein für die Verhaltensauffälligkeiten unserer Kinder verantwortlich gemacht werden. Deshalb soll Familienpsychologie als Pflichtfach an Schulen einführt werden. Jugendliche müssen auf Partnerschaft und Familiengründung vorbereitet werden. Die Erziehungskompetenz der Jugendlichen von heute muss erhöht werden. Von den Paaren, die Kinder haben wollen, sollten Erziehungsfähigkeiten nachgewiesen werden. Schon in der Schule müssen die Jugendlichen über die Belastungen des Familienlebens aufgeklärt werden. Nicht alle Folgen mangelnder Erziehung können vom Jugendamt ausgebügelt werden. Nicht alle „Problemfamilien" können vom Jugendamt unterstützt werden. Von den bestehenden Erziehungsberatungsstellen können nicht alle Defizite in der Familie aufgefangen werden. Die wachsenden Probleme von Kindern und Jugendlichen können nicht allein auf das Versagen der Eltern bei der Erziehung zurückgeführt werden. Familien können auch durch die hohe Arbeitslosigkeit und fehlende berufliche Perspektiven für Jugendliche sehr stark belastet werden.

33 Vorgangspassiv mit Modalverb: Präsens
Videoüberwachung
So können die Täter leichter überführt werden und die Zahl der Straftaten kann massiv verringert werden. Außerdem können beobachtete Bereiche von Straftätern gemieden werden. Eine vollständige technische Überwachung sämtlicher möglicher Risiko-Orte kann also nicht durchgeführt werden. Doch durch Fehlalarme können Sicherheitsrisiken erst ausgelöst werden. Und durch Fehleinschätzung können Risikosituationen von Menschen selbst provoziert werden.

34 Vorgangspassiv mit Modalverb: Präsens
Gute Manieren als Schulfach
Die guten Manieren sollen von der modernen Bildung / durch die moderne Bildung nicht vernachlässigt werden. Der Benimm-Unterricht muss vom Kultusministerium als fester Bestandteil des Stundenplans eingeführt werden. Die Grundregeln des sozialen Verhaltens müssen durch das ständige Training eingeübt werden. Die Schule darf von der Öffentlichkeit nicht als Reparaturbetrieb für die nachlassende Erziehungsleistung der Eltern betrachtet werden. Gutes Benehmen muss auch durch das Vormachen erlernt werden. Die Bedeutung von Pünktlichkeit, Zuverlässigkeit, Fairness und Rücksicht soll durch Gespräche und Diskussionen vermittelt werden. Das Wissen über gutes Benehmen muss durch den ganzen Bildungsprozess vermittelt werden. Bei kleinen Kindern können diese Fähigkeiten durch das Nachahmen entwickelt werden. Der Benimm-Unterricht kann vom Lehrer je nach Situation und Thema in den normalen Unterricht eingebaut werden.

35 Vorgangspassiv mit Modalverb: Präsens
Antistressprogramm
Durch Entspannungsübungen kann der gestresste Körper immer wieder ins Lot gebracht werden. Ein individuelles und effektives Programm zur Stressbewältigung kann leicht zusammengestellt werden. Kurzurlaube für Geist und Seele können immer und überall gemacht werden. Ruhe-Inseln, die uns räumlich und akustisch von unserer Außenwelt abschirmen, können überall gefunden werden. Körperliche Überanstrengung muss vermieden werden. Besonders im Winter müssen die Abwehrkräfte durch sportliche Aktivitäten erhöht werden. Mit kleinen Tricks, wie einem Kinoabend oder Saunabesuch, kann das Stimmungstief überlistet werden. Zu hohe Anforderungen an sich selbst in der Arbeit und im Haushalt müssen reduziert werden. Quälende und destruktive Gedanken müssen bewusst gestoppt werden. Unangenehme Gedanken müssen durch schöne Erinnerungen oder Beschäftigungen ersetzt werden. Entspannung und innerliche Ruhe können auch durch Meditation oder Sport erreicht werden. Eine Änderung der Lebenseinstellung muss empfohlen werden.

36 Ersatzformen des Vorgangspassivs: Präsens
Fantasy als Realitätsflucht
Nicht nur Kinder, sondern auch Erwachsene lassen sich verzaubern. Die Zuschauer lassen sich mit Spezialeffekten und bombastischen Massenszenen beeindrucken. Das Lesen von Fantasy-Büchern lässt sich mit dem Träumen vergleichen. Kreaturen, ganze Welten und übernatürliche Dinge lassen sich von den Autoren erzeugen. Die Menschen lassen sich von ihrer unvollkommenen realen Welt ablenken. Stress, Ärger oder Enttäuschung jeglicher Art lassen sich dabei vergessen. Die Leser lassen sich in eine phantastische Welt versetzen. Es lässt sich eine Welt schaffen, in der alles möglich ist. Mit Fantasy-Büchern lassen sich für bestimmte Zeit alle Probleme wegzaubern. Das manchmal öde Alltagsleben lässt sich interessanter machen. Durch die Fantasy-Welt lässt sich die triste Realität ersetzen.

37 Ersatzformen des Vorgangspassivs: Präsens
Buchverfilmungen
Meiner Meinung nach lassen sich nicht alle Bücher verfilmen. Und sie lassen sich nicht 1 : 1 verfilmen. Ich finde, dass die meisten Bücher eher adaptiert werden können. Denn nicht alle Szenen und Ideen lassen sich technisch realisieren. Meiner Ansicht nach kann eine Kunst in jedem Fall in die andere transferiert werden. Aber ich vermute, dass nicht alle literarischen Werke so einfach umgesetzt werden können. Ich bin fest davon überzeugt, dass zum Beispiel Gedichte im Film nicht dargestellt werden können. Außerdem lassen sich Bücher und Filme überhaupt nicht vergleichen. Nicht jedes Buch lässt sich durch einen guten Film ersetzen und umgekehrt.

38 Konjunktiv II
Lernen – ein Problem?
Man könnte/müsste/sollte mit anderen über das Problem sprechen; den Nachbarn im Unterricht um Hilfe bitten; aussprechen, was das Problem ist und wie man sich fühlt; Ängste über Bord werfen; mehr Fragen stellen, statt zu warten, bis der Lehrer etwas fragt; in jeder Stunde mindestens zweimal etwas sagen.
In dieser Situation würde ich mir mehr zutrauen; ein Blatt Papier nehmen und Problemsituationen aufschreiben; das Blatt später durchlesen und das eigene Verhalten analysieren; Kontakte mit Muttersprachlern organisieren; den Nachbarn im Unterricht um Hilfe bitten.
An Ihrer Stelle würde ich nicht warten, bis Sie eingeladen werden, sondern selbst einladen; öfter ins Kino gehen und Freunde mitnehmen.

39 Konjunktiv II
Kriminalität bei Jugendlichen
Andreas: sollte, wäre, gäbe, fände, einbeziehen, würden, hätten, träfen, kämen
Barbara: fänden, würde, müssten, hätten
Wolfgang: würde, könnte, würde, organisieren, gäbe, sollte, trüge … bei

40 Konjunktiv II
Traumfrau sucht Traummann
Es wäre toll. / Ich würde mich freuen, wenn er/sie gut aussehen würde (aussähe); wenn ich mich mit ihm/ihr gut verstehen würde (verstünde); wenn er/sie mehr im Haushalt helfen würde; wenn er/sie immer für mich da wäre.

Ich hätte nichts dagegen / Ich wäre froh, wenn ich ihm/ihr vertrauen könnte; wenn ich mit ihm/ihr über alles sprechen könnte; wenn er/sie meine Interessen respektieren würde (respektierte); wenn er/sie immer pünktlich wäre; wenn er/sie mich jeden Tag anrufen würde (anriefe).
Ich würde mir wünschen, dass er/sie mir ab und zu schöne Liebesbriefe schreiben würde (schriebe); dass er/sie mich nett, attraktiv, lustig finden würde (fände); dass er/sie meine Probleme verstehen würde (verstünde); dass er/sie zu mir halten würde (hielte), egal was passiert; dass er/sie meinen Eltern und meinen Freunden gefallen würde (gefiele); dass er/sie mich nie verlassen würde (verließe).

41 Konjunktiv II

Schule: Träume und Albträume

Die Ferien sind zu kurz, als dass man sich richtig erholen könnte. Viele Lehrer sind zu streng, als dass die Schüler sich trauen würden, Fragen zu stellen. Der Unterricht ist zu praxisfremd, als dass die Schüler lernen könnten, was sie wirklich brauchen. Die Schulräume sind technisch zu schlecht ausgestattet, als dass der Unterricht am PC möglich wäre. Es gibt zu viele Kinder in einer Klasse, als dass Lehrer auf jedes Kind eingehen könnten. Der Lernstoff ist oft zu abstrakt, als dass man ihn behalten könnte. Es gibt zu viele Hausaufgaben, als dass Schüler Zeit für ihre Freunde und Hobbys hätten. Es gibt zu wenige Möglichkeiten zum Diskutieren, als dass die Schüler lernen könnten, ihre eigene Meinung zu vertreten. Viele Lehrer gestalten ihren Unterricht zu formell, als dass dadurch die Kreativität gefördert würde. Fächer wie Musik oder Kunst werden zu oberflächlich unterrichtet, als dass von einer guten Allgemeinbildung die Rede sein könnte.

42 Konjunktiv II

TV-Serien

Manche kleben montags bis freitags am Bildschirm, als wären sie süchtig. Einige Menschen sehen täglich ihre Lieblingsserien, als wäre das ein Ritual. Viele Zuschauer betrachten die Serienhelden, als wären sie ihre Freunde oder Verwandte. Wenn die Serie ausfällt, regen sich einige Zuschauer auf, als wäre es eine Katastrophe. Die Helden tragen meistens super Klamotten und sind top gestylt, als wären sie Fotomodelle. Sie reden über alles, als wären sie Fachleute. In vielen Serien gehen die Helden mit dem Geld um, als wären sie Millionäre. Einige Zuschauer verlieben sich in die Serienhelden, als wären sie reale Menschen. Es gibt fast immer ein Happy End, als wäre es ein Märchen.

43 Konjunktiv II

Strafe für Tierquäler

Petra: wäre, kümmern würde / kümmerte, sollte, wäre, hieße, könnte
Wolfgang: sollte, gäbe, machten, hätten
Beate: verschwiege, berichtete, gäbe, ließe
Anna: fände, sollte

44 Konjunktiv II

Werbung: pro und contra

Tobias findet, wir hätten viel zu viel Werbung. Ohne Werbung würden die Menschen nicht so viel Geld ausgeben. Außerdem würden die Filme im Fernsehen nicht ständig durch Reklame unterbrochen.
Erik findet es gut mit der Werbung. Ohne Werbung kämen die meisten Produkte nicht so gut bei den Menschen an. Man wäre nicht so gut informiert. Wenn man keine Werbung sehen würde / sähe, wüsste man nicht, was es Neues auf dem Markt gibt. Ohne Werbung gäben die Menschen nicht so viel Geld aus. Und das würde letztlich unserer Wirtschaft schaden.
Für Christiane gehört die Werbung einfach zu unserem Leben. Ohne Werbung könnte man die meisten Events nicht finanzieren. Es gäbe keine Sponsoren. Und die Menschen müssten noch mehr Eintritt zahlen, wenn sie zum Beispiel ins Kino oder in eine Ausstellung gehen würden / gingen.
Rosa hasst Werbung. Ohne Werbung wären die Menschen freier in ihren Entscheidungen. Sie würden nicht ständig bevormundet. Sie würden öfter nachdenken und hätten ihre eigene Meinung.

45 Relativsätze

Powerfrauen

Powerfrauen sind Frauen, vor denen Männer sich manchmal fürchten; denen manche männliche Kollegen misstrauen; die Männern zuhören, wenn sie ein Problem haben; mit denen man über alles reden kann; die ihren männlichen Kollegen ehrlich ihre Meinung sagen; mit denen Männer ihre Macht oft nicht teilen wollen; die einen 12-Stunden-Arbeitstag haben; denen Risikobereitschaft sehr wichtig ist; die die Zügel fest in der Hand halten; vor denen auch männliche Kollegen viel Respekt haben; die sich einen Namen in ihrer Branche gemacht haben; denen die Gesellschaft oft zu viel zumutet.

46 Relativsätze

Demokratie geht uns alle an

Demokratie ist etwas, was man manchmal verteidigen muss; wofür die meisten Menschen sich nicht selbst verantwortlich fühlen; wofür ich auf die Straße gehen würde; was für viele Menschen total selbstverständlich ist; worum es normalerweise in den Wahlprogrammen der Politiker geht; worüber die meisten Menschen sich gar keine Gedanken machen; woran wir uns gewöhnt haben; worüber heutzutage nicht mehr viel diskutiert wird; was wir alle erst lernen müssen; wofür viel Selbstbewusstsein und soziales Engagement notwendig ist; worauf wir stolz sein sollten.

47 Relativsätze

Klassik heute

Karina: woran, womit, womit, was
Stephan: worum, worüber
Ruth: was, worüber
Karl-Heinz: worüber, was, was

48 Relativsätze

Bis gleich im Café!

wohin, wo, was, wohin, was, wo, was, wo, was, wohin, wo, wo, wo, was

49 Relativsätze

Motivation = Erfolg

Wer nur von außen motiviert wird, (der) hat wenig Chancen auf Erfolg. Wem es gelingt, äußere Motive in innere zu verwandeln, (der) schafft echte Motivation. Wer Spaß an einer Sache hat, (der) lässt sich schneller motivieren. Wessen Ziele klar und deutlich formuliert sind, (der) entscheidet sich leichter. Wer auf die Meinung anderer hört, (der) hat mehr Angst zu versagen. Wer seine Stärken richtig einsetzen will, (der) muss sie erst herausfinden. Wem seine Arbeit gefällt, (der) hat mehr Erfolg. Wer Herausforderungen mag, (der) hat keine Angst vor schweren Aufgaben. Wem sein Job gelingt, (der) ist stärker motiviert.

50 Relativsätze

Raumforschung = Geldverschwendung?

Bernd: dessen, deren
Silvia: deren, deren
Anton: deren
Christoph: deren, deren, deren

51 Modalsätze

Sich engagieren ist „in"

Man kann in seinem Umfeld etwas erreichen, indem man sich engagiert, aktiv wird und sich einmischt, auf die Straße geht und demonstriert. / Man kann dadurch etwas erreichen, dass man sich engagiert, aktiv wird und sich einmischt, auf die Straße geht und demonstriert. Die Menschen können Zivilcourage zeigen, indem sie ihre Meinung offen sagen, sich für Schwächere einsetzen, ihre Bürgerpflicht erfüllen und wählen gehen. / Die Menschen können dadurch Zivilcourage zeigen, dass sie ihre Meinung offen sagen, sich für Schwächere einsetzen, ihre Bürgerpflicht erfüllen und wählen gehen. Das politische Selbstbewusstsein der Menschen kann geschärft werden, indem man mehr über Politik redet. / Das politische Selbstbewusstsein der Menschen kann dadurch geschärft werden, dass man mehr über Politik redet. Menschen können das gesellschaftliche Leben mitgestalten, indem sie in einem Verein oder einer Bürgerinitiative aktiv sind, in eine Partei eintreten. / Menschen können das gesellschaftliche Leben dadurch mitgestalten, dass sie in einem Verein oder einer Bürgerinitiative aktiv sind, in eine Partei eintreten. Man kann Verantwortung für sein Land zeigen, indem man sich politisch informiert, seine Meinung offen sagt. / Man kann Verantwortung für sein Land dadurch zeigen, dass man sich politisch informiert, seine Meinung offen sagt. Menschen können Demokratie in ihrem Land verteidigen, indem sie Farbe bekennen, nachdenken und selber entscheiden, was wichtig ist. / Menschen können Demokratie in ihrem Land dadurch verteidigen, dass sie Farbe bekennen, nachdenken und selber entscheiden, was wichtig ist.

52 Modalsätze

Misserfolge machen stark

Man lernt siegen, indem man an seine Stärken glaubt. Man steckt Misserfolge leichter weg, indem man nach den Gründen sucht. Man hilft sich wenig, indem man in Selbstmitleid verfällt. Man schadet sich selbst, indem man Misserfolge vertuscht. Man erntet Respekt, indem man offen sagt: „Ich hab's verbockt." Man begeht einen Fehler, indem man sich ins Schneckenhaus verkriecht und sich klein macht. Man vermeidet neue Misserfolge, indem man sich in Ruhe überlegt, was wirklich hinter dem Misserfolg steckt.

53 Modalsätze

Mehr Selbstbewusstsein

Wie baue ich mein Selbstbewusstsein auf? – Indem du deine Talente und Hobbys pflegst. Wie gewinne ich Sympathien? – Indem du deine Schwächen und Fehler eingestehst. Wie erhalte ich mehr Selbstverstrauen? – Indem du dir Etappenziele setzt. Wie stecke ich Niederlagen leichter weg? – Indem du vertrauensvoll mit Freunden sprichst. Wie komme ich karrieremäßig besser voran? – Indem du Niederlagen wegsteckst. Wie helfe ich mir in Krisensituationen? – Indem du deine eigenen Schwächen und Stärken analysierst. Wie powere ich mein Selbstbewusstsein? – Indem du eine Runde joggst. Wie stärke ich das Vertrauen in die eigenen Leistungen? – Indem du kritisch mit deinen eigenen Fehlern umgehst. Wie gewinne ich innere Sicherheit? – Indem du alte Freundschaften pflegst und neue Kontakte suchst. Wie trete ich selbstbewusst auf? – Indem du konsequent eigene Ideen umsetzt.

54 Modalsätze

Dampf ablassen, aber richtig!

Man soll Meinungsverschiedenheiten offen austragen, ohne dass die Partner dabei unter Stress stehen. Man muss immer wieder Dinge klären, ohne dass man in Streit gerät. Menschen müssen rechtzeitig mit Problemen fertig werden, ohne dass sie einander große Szenen machen. Die Beziehung muss funktionieren, ohne dass es Missverständnisse gibt. Man kann auch ab und zu mal nachgeben, ohne dass man dabei frustriert wird. Bei Problemen soll man miteinander reden, ohne dass man einander verletzt. Im Idealfall soll man nicht streiten, ohne dass man Kompromissmöglichkeiten oder Versöhnungsaussichten findet. Man sollte Probleme klären, sobald sie anfallen, ohne dass es zu heftigen Auseinandersetzungen kommt. In Krisensituationen hilft ein vernünftiges Gespräch, ohne dass die Partner einander beleidigen. Man kann jemandem so richtig die Meinung sagen, ohne dass man aggressiv wird. Die meisten Beziehungen sind nicht möglich, ohne dass man ab und zu Meinungsunterschiede und kleine Reibereien erlebt. Eine sachliche Auseinandersetzung mit Problemen kann eine Beziehung retten, ohne dass man sich gegenseitig beleidigt.

55 Modalsätze

Computer: pro und contra

Das Leben wurde dynamischer und interessanter dadurch, dass man Computer einsetzt. Eine richtige Informationsrevolution wurde dadurch ausgelöst, dass 1946 der Computer erfunden wurde. Menschen können aktuelle Informationen für Beruf und Studium dadurch finden, dass sie im Internet recherchieren. Man kann Prozesse dadurch anschaulicher darstellen, dass man sie per Computer visualisiert. Man koordiniert die globalisierte Wirtschaft dadurch, dass sie mit der ganzen Welt vernetzt wird. Daten und Informationen werden einem breiteren Publikum dadurch bekannt, dass sie im Internet veröffentlicht werden. Man kann neue Freunde dadurch finden, dass man mit Menschen aus aller Welt chattet. Lesen und Schreiben sowie künstlerische Leistungen werden oft dadurch beeinträchtigt, dass der Computer viel zu oft genutzt wird. Die Kreativität und die Bereitschaft, eigene Wege zu finden, werden dadurch gehemmt/eingeschränkt, dass viele Bilder bereitgestellt werden. Kulturelle Angebote werden von Computernutzern dadurch kaum noch wahrgenommen, dass der Computer zu oft verwendet wird. Dadurch, dass die Computer so breit eingesetzt werden, wird die Kommunikation von Angesicht zu Angesicht verdrängt.

56 Modalsätze

Schluss mit Horrorfilmen und Thrillern!

Ich finde (nicht), dass man zum Mittäter wird, indem man Verbrechen geheim hält; dass man den Menschen die Augen öffnet, indem man objektiv über das Weltgeschehen berichten; dass man den Menschen einen Bärendienst erweist, indem man die Wahrheit verbirgt und die Realität verschönert; dass man sein Gewissen zu beruhigen versucht, indem man schreckliche Bilder mit Absicht vermeidet; dass man sich schreckliche Bilder in Spielfilmen erspart, indem solche Filme erst gar nicht anschaut; dass man Lebenserfahrungen sammelt, indem man die Wirklichkeit nicht durch die rosarote Brille sieht; dass man abstumpft, indem man täglich über Mord und Verbrechen liest; dass Depressionen und psychische Probleme verstärkt werden können, indem Gewalt und Mord im Kino gezeigt werden; dass man besonders junge Menschen verwirrt, indem man ihnen den Tod von Menschen zeigt; dass man Schuldgefühle provoziert, indem man die schreckliche Realität präsentiert; dass man junge Menschen aufklärt, indem man auf die Gefahren der modernen Welt hinweist.

57 Modalsätze

Gefahren aus dem Netz

Dadurch, dass unsere Abhängigkeit von der Technik wächst und sie allgegenwärtig und trotzdem unsichtbar ist, entzieht sich ein großer Teil des Alltagslebens faktisch unserer Kontrolle. Dadurch, dass unser Lebens total vernetzt ist, steigt die Internet-Kriminalität. Dadurch, dass die Online-Dienste so einfach gehandhabt werden können, verlieren die Menschen den Überblick. Dadurch, dass unser Alltag total vernetzt ist, wird der Datenschutz gefährdet. Dadurch, dass Fehler in der Software auftreten können, kann die Gesundheit eines Menschen gefährdet werden. Dadurch, dass ein Online-System ausfällt, kann ein enormer finanzieller Schaden entstehen. Dadurch, dass neuen Technologien entwickelt werden, wächst die Befürchtung vor Überwachung und digitaler Bevormundung.

58 Modalsätze

Urlaubsgefühle im Alltag

Nutzen Sie den Schwung, den Sie aus dem Urlaub mitgebracht haben, indem Sie die guten Vorsätze gleich umsetzen. Ernähren Sie sich so gesund wie im Urlaub, indem Sie gesunde Rezepte aus Ihrem Urlaubsland nachkochen. Holen Sie Ihr Urlaubsfeeling in den Alltag, indem Sie ein tolles Frühstück mit viel Obst und frischen Säften organisieren. Schaffen Sie Abstand vom Alltagsstress, indem Sie neue Gerichte ausprobieren, die Ihnen im Urlaub so gut geschmeckt haben. Schwelgen Sie ruhig ab und zu in schönen Urlaubserinnerungen, indem Sie sich Urlaubsfotos anschauen. Schaffen Sie bei sich zu Hause eine romantische Urlaubsatmosphäre, indem Sie die aus dem Urlaub mitgebrachten CDs hören. Erleichtern Sie sich die Rückkehr in den Alltag, indem Sie in den ersten Tagen nicht alles Liegengebliebene auf einmal erledigen. Lassen Sie es langsam angehen, indem Sie nach jedem Urlaub zwei oder drei Puffertage einplanen.

59 Adversativsätze

Familie – damals und heute

Während es früher patriarchalische Strukturen gab, wachsen die Kinder von heute in den so genannten Patchworkfamilien auf. Während früher Frauen nur Hausfrauen und Männer Alleinverdiener waren, sind in den meisten Familien von heute beide Elternteile berufstätig. Früher gab es mehr Ruhe und Geborgenheit. Heute wächst die Zahl der Scheidungen. Früher mussten viele Kinder arbeiten. Heute ist die Kinderarbeit dagegen gesetzlich verboten. Früher bekamen viele Kinder eine häusliche Erziehung. Heute gibt es dagegen Kindertagesstätten und Babysitter. Im Gegensatz zu früher können sich moderne Familien mehr leisten, z. B. einen Urlaub im Süden. Im Gegensatz zu früher sind Hausmänner heute keine Seltenheit. Im Gegensatz zu früher werden moderne Familien vom Staat unterstützt und bekommen Kindergeld.

60 Adversativsätze

Inlineskating in der Stadt: ja oder nein?

Im Gegensatz zu Joggen oder Nordic Walking ist die Unfallgefahr beim Inlineskating sehr hoch. Während manche Sportarten unseren Körper, u. a. die Gelenke, stark strapazieren, ist Inlineskating eine Sportart mit relativ geringer Belastung der Gelenke. Während viele Sportarten nur für junge Leute geeignet sind, kann Inlineskating lebenslang ausgeübt werden. Für Skifahren oder Windsurfen braucht man eine teure Ausrüstung. Inlineskating kann sich dagegen jeder leisten, der Sport ist relativ billig. Viele Kraftsportarten trainieren Muskeln. Inlineskating formt dagegen die Figur und hilft beim Abnehmen.

61 Adversativsätze

Jugendsprache: ja oder nein?

dagegen, während, dagegen, im Gegensatz zu, dagegen, während, dagegen

62 Adversativsätze

Zoo: Zuflucht oder Knast?

Jochen: doch, im Gegensatz zu, während
Patricia: dagegen
Helmut: während
Moritz: doch
Sarah: während, im Gegensatz zu

63 Adversativsätze
Mode statt Gesundheit
Unsere Eltern legten nicht so viel Wert auf die Mode. Die meisten Jugendlichen von heute wollen dagegen modisch gekleidet sein und im Trend liegen. Während Frauen früher sich nicht so stark schminkten, tragen junge Frauen von heute deutlich mehr Make-up, Lippenstift und Parfüm auf. Früher engagierten sich junge Leute für die Umwelt. Die Sensibilität der modernen Generation für Umweltfragen ist dagegen enorm gesunken. Während früher 61 Prozent der Befragten umweltfreundliche Produkte kaufen wollten, sind es heute nur noch 39 Prozent. In den 80er Jahren trieben über 50 Prozent der jungen Menschen gern Sport. Heute ist es dagegen nur noch jede(r) dritte. Während früher 55 Prozent der jungen Leute sich gesund ernährt haben, achten heute nur 42 Prozent auf gesunde Ernährung. In den 90er Jahren hat man mehr Obst und Gemüse gegessen. Die Jungen von heute essen dagegen mehr Kartoffelchips, Erdnussflips und Nuss-Nougat-Creme. Während früher Joghurt und Quark sehr populär waren, ist ihr Konsum in der letzten Zeit stark zurückgegangen.

64 Infinitivkonstruktionen
Eltern-Kind-Konflikte
Eltern interessieren sich dafür, statt ihren Kindern vorzuhalten, dass sie faul sind. Kinder bringen ihre Freunde nach Hause, statt darauf zu bestehen, dass es allein ihre Sache ist, mit wem sie befreundet sind. Eltern haben Verständnis für Freundschaften ihrer Kinder, statt vor „schlechtem Umgang" zu warnen. Kinder erzählen von ihren Hobbys und Interessen, statt ein großes Geheimnis daraus zu machen. Eltern akzeptieren die Freizeitinteressen ihrer Kinder, statt ihnen vorzuwerfen, dass sie sich nur herumtreiben. Kinder machen bei der Hausarbeit mit, statt sich davor zu drücken. Eltern verlangen nicht mehr so viel, statt ständig Vorwürfe zu machen. Kinder vertrauen sich ihren Eltern an, statt alles vor ihnen zu verbergen. Eltern überlegen, wie sie helfen können, statt zu meckern, dass Kinder nur Sorgen machen.

65 Infinitivkonstruktionen
Beziehungskiste
Man sollte immer ruhig bleiben, statt gleich auf den Partner loszugehen. Man sollte eigene Hobbys und Freundschaften pflegen, statt sich total an das Leben des Partners anzupassen. Man sollte in Ruhe mit dem Partner sprechen, statt den Ärger herunterzuschlucken. Man sollte offen miteinander reden, statt in der Ecke zu schmollen. Man sollte auf den Partner eingehen, statt ihn auszugrenzen. Man sollte Kompromisse suchen, ohne sich gleich zu ärgern. Man sollte alle Konflikte mit Diplomatie lösen, ohne dem Partner eine Szene zu machen. Man sollte dem Partner zuhören, ohne ihm Vorwürfe zu machen

66 Infinitivkonstruktionen
Sterne, Karten, Kaffeesatz
Einige lassen sich Horoskope erstellen, um sich auf die Zukunft einzustellen. Viele schauen in die Sterne, um einen Blick in die Zukunft zu tun. Viele beschäftigen sich lieber mit der Zukunft, statt im Hier und Jetzt zu leben. Statt wegen jeder Kleinigkeit zu einem Wahrsager zu rennen, sollten Menschen endlich mehr in sich hineinhören. Statt die eigene Wahrnehmung durch Prognosen auszuschalten, sollte man lieber auf seine Erfahrung und sein Wissen vertrauen. Menschen erwarten Hilfe von anderen, ohne ihr Leben durch ihr eigenes Verhalten zu verändern. Einige Menschen werden durch Prognosen und Prophezeiungen passiv, statt ihr Schicksal selbst in die Hand zu nehmen. Durch Prognosen legen sich die Menschen zu sehr fest, statt Neues zuzulassen. Statt selbst zu entscheiden, was sie für richtig halten, lassen sich einige Menschen von Wahrsagern manipulieren.

67 Infinitivkonstruktionen
Bye-bye Prüfungsangst!
Statt ohne vernünftigen Plan, ohne Freiräume zu lernen, sollte man regelmäßig lernen und zwischen Arbeits- und Entspannungsphasen wechseln. Man sollte auf die eigenen Fähigkeiten vertrauen, statt ständig an sich selbst zu zweifeln. Man sollte positive Einstellung zur Prüfung entwickeln, statt sich an negative Erfahrungen mit Prüfungen zu erinnern. Man sollte auf ausgewogene Ernährung und regelmäßiges Essen achten, ausreichend schlafen und sich bewegen, statt fettreich zu essen, um Stress zu bewältigen.

68 Infinitivkonstruktionen
Moderne Medizin – ein Mittel gegen alles!?
Man sollte die Gesundheit der Menschen verbessern, ohne dabei menschliche Intelligenz und Gefühle zu beeinflussen. Man sollte das menschliche Leben verlängern, ohne Menschen zu Versuchskaninchen zu machen. Man sollte neue Medikamente finden, ohne dabei Tiere töten zu müssen. Man sollte wirkungsvolle Therapieformen entwickeln, ohne dabei neue Stoffe an Tieren zu erproben. Man sollte „Ersatzteile" für den menschlichen Körper produzieren, ohne Tiere zu töten. Man sollte neue Oparationsmethoden anwenden, ohne sie an ahnungslosen Tieren zu erproben. Man sollte Krankheiten heilen, ohne den menschlichen Körper zu manipulieren. Man sollte sich fit halten, ohne jede Menge Pillen zu konsumieren.

69 Genitiv
Die Geschichte meines Lebens
Neugier auf das Leben Prominenter jenseits der Kulissen, „Rivalen" des Showgeschäfts, Lebensgeschichten bekannter Schauspieler, trotz vieler guter Bücher, zu Büchern dieser Art, angesichts des großen Interesses der Leser, statt eines Romans von Kafka, während seiner Kindheit oder seiner Ausbildung, zu den neusten Trends der Prominenten, das Werk eines professionellen Biografen, die Erzählungen der prominenten Menschen, während einer Sitzung, mit Hilfe dieser Notizen, die Aufmerksamkeit der Öffentlichkeit und der Medien.

70 **Genitiv**
Pro und contra Schuluniform
pro: der, der, der, der sozialen, der positiven, der, der, der, der
contra: der, der einheitlichen, des finanziellen, der schädlichen, der individuellen, des Kindes, der, der, der inneren, öffentlicher, dieses Gesetzes, der schwierigen finanziellen, seiner, der, leidenschaftlicher, der, moderner

71 **Genitiv**
Nacharbeit als Schulstrafe?
mangelnder, vieler Fächer der Unter- und Mittelstufe, des dauerhaften Fehlverhaltens einiger, des, der, der
pro: der, der, der schlechten schulischen Leistungen, der, des Stoffes, der Qualität des Unterrichts, einzelner, stressfreieren, der
contra: der, der, dieser, einer, ihres Verhaltens, der, der, des gesundheitlichen Zustandes einiger, mangelnder

72 **Präpositionen: kausal, konzessiv**
Angst vor einem Ortswechsel?
Junge Menschen verlassen wegen ihres Studiums oder einer Ausbildung das Elternhaus. Einige Menschen ziehen wegen ihres Traumpartners in eine andere Stadt oder in ein anderes Land. Manche Jugendliche ziehen wegen eines Streits mit ihren Eltern aus. Manchmal müssen Menschen wegen finanzieller Probleme in eine andere Wohnung ziehen. Wegen der völligen Isolierung am Anfang leiden einige unter Verlust ihrer gewohnten Umgebung. Trotz der neuen Sprache fühlen sich die meisten Menschen wohl in ihrer neuen Heimat. Trotz vieler Probleme leben sich die meisten Menschen schnell ein. Trotz der nicht leichten Integration fühlen sich die meisten schnell wie zu Hause. Trotz Berührungsängsten und Missverständnissen freuen sich die meisten Menschen über den Ortswechsel. Trotz der großen Sehnsucht nach Freunden und Verwandten fassen die meisten schnell Fuß am neuen Ort.

73 **Präpositionen: kausal, konzessiv**
Oper: „Schnee von gestern"?
Viele Menschen lieben die Oper wegen des romantischen Stoffes der meisten Opern; der großen Gefühle; einer hervorragenden Kombination aus Musik, Choreografie und Gesang; der prächtigen Kostüme; der eindrucksvollen Bühnenbilder; der oft tragischen und rührenden Liebesgeschichte.
Doch die meisten Jugendlichen gehen nie in die Oper aufgrund der altmodischen Operninhalte; des anderen Musikgeschmacks; der veränderten Ansprüche an Unterhaltung; der Schwierigkeiten beim Verstehen des Textes; mangelnder musikalischer Bildung; der zu hohen Eintrittspreise.

74 **Präpositionen: kausal, konzessiv**
Pelzmäntel: pro und contra
pro: aus, wegen, vor, aus, wegen, bei
contra: wegen, trotz, aufgrund, aus, aus, wegen.

75 **Präpositionen: modal**
Kochen ist wieder „in"
im, durch, auf, aus, für, mit, nach, ohne, mit, aus, auf, mittels, ohne, durch, im, mit, zum

76 **Konnektoren: zweiteilige Konjunktionen**
Wählen mit 16?
Die meisten jungen Menschen haben zwar Interesse an Politik, haben aber keine Lust wählen zu gehen. Viele sind zwar engagiert, können aber politische Entscheidungen nicht nachvollziehen. Einige wollen Dinge verändern, haben aber wenig Erfahrung. Die meisten jungen Menschen wollen zwar einiges bewegen, können aber nicht entscheiden, was wirklich wichtig ist. Viele wollen zwar ihre Bürgerpflicht erfüllen, können aber noch nicht Farbe bekennen. Die meisten Jugendlichen interessieren sich zwar für die Zukunft des Landes, können aber Probleme noch nicht richtig bewerten. Einige wollen zwar mitmachen, sind aber viel zu viel mit sich selbst beschäftigt. Viele junge Leute gehen zwar auf Demonstrationen, suchen aber dabei oft Spaß und Abwechslung. Die meisten jungen Menschen möchten zwar in ihrem Umfeld etwas erreichen, sind aber nicht bereit, Zeit zu investieren.

77 **Konnektoren: zweiteilige Konjunktionen**
Bitte mit Stil!
Man sollte sich zwar aus der Masse herausheben, aber die Klamotten dürfen nicht zu schrill sein. Echter Stil hat weder mit viel Geld noch mit Nachahmen und Kopieren zu tun. Seinen eigenen Geschmack zu entwickeln, dazu gehört sowohl Mut, als auch Zeit. Manche Leute kaufen sich etwas Teures und meinen, nicht nur Klasse, sondern auch Stil mitzukaufen. Es gibt Leute, die zwar super modisch angezogen sind, aber nicht unbedingt über einen Stil verfügen. Menschen, die sowohl selbstbewusst sind, als auch zu ihrem Stil stehen, wirken in ihren Klamotten viel besser als ein Modefreak. Heute zählt nicht nur die Ausstrahlung, sondern das gesamte Erscheinungsbild. Zu einer Persönlichkeit gehören nicht nur Klamotten, sondern auch Hobbys, Lieblingsbücher, Lieblingsmusik und vieles mehr. Okay, Äußerlichkeiten sind zwar nicht das Wichtigste, aber der erste Eindruck wird nun mal durch die Optik bestimmt.

78 **Konnektoren: zweiteilige Konjunktionen**
Rauchen – Privatsache?
Erika: nicht nur ... sondern auch / weder ... noch; nicht nur ... sondern auch
Vanessa: nicht nur ... sondern auch; sowohl ... als auch; nicht nur ... sondern auch
Martin: nicht nur ... sondern auch; weder ... noch
Patrick: zwar ... aber; sowohl ... als auch / nicht nur ... sondern auch

79 **Konnektoren: zweiteilige Konjunktionen**
Talkshows – wie aus dem richtigen Leben
Ich finde Talkshows sowohl öde als auch primitiv. Was passiert mit Menschen, wenn sie entweder Drogen nehmen oder wegen

schlechter Ausbildung keine Arbeit bekommen. In den meisten Talkshows geht es entweder um Familie, Liebe, Freundschaft oder um Aussehen und Mode. Die meisten Talkshows sind weder ein gemütliches Plauderstündchen noch eine nette Party. Das ist nicht nur peinlich, sondern auch richtig abstoßend. / Das ist sowohl peinlich als auch richtig abstoßend. Ich finde die modernen Talkshows weder lustig noch informativ.

80 Indirekte Rede

Glück und Unglück

... Prozent der Befragten glauben, dass sie Glück hätten, wenn sie eine Sternschnuppe sehen würden (sähen); wenn sie einem Schornsteinfeger begegneten (begegnen würden); wenn sie ein Hufeisen fänden (finden würden); wenn sie den Kuckuck rufen hörten (hören würden); wenn sie ein Schwalbennest entdeckten (entdecken würden).

... Prozent der Befragten haben ausgesagt, dass es ihnen Unglück bringe, wenn Freitag, der 13. wäre (sei); wenn ihnen eine schwarze Katze von links nach rechts über den Weg laufen würde (liefe); wenn sie mit dem linken Bein aufgestanden seien (wären); wenn sie unter einer Leiter durchgingen (durchgehen würden); wenn sie am Morgen eine Spinne sehen würden (sähen).

81 Indirekte Rede

Typische Dinge unserer Zeit

Einer Meinungsumfrage zufolge meinen viele, Inlineskaten wirke nie lächerlich, man müsse nur fit sein. Deshalb werde es auch noch lange beliebt bleiben. Inlineskaten überwinde die Grenzen zwischen den Geschlechtern und den Generationen.

Eine Meinungsumfrage hat ergeben, eine Kreditkarte gehöre für die meisten zum absoluten Muss. Unser Leben sei von diesen Plastikkarten geprägt. Sie seien praktisch. Man müsse sein Geld nicht immer mit sich herumtragen.

Jugendliche haben ausgesagt, für ihre Generation sei ein Rucksack Symbol für Freiheit und Mobilität. Man müsse nicht vorher alles planen. Man sei mobil und spontan.

Viele könnten sich das moderne Leben ohne Handy nicht vorstellen. Es gebe einem das Gefühl von Freiheit und Unabhängigkeit.

Viele junge Leute meinen, die Jeans drücke ganz klar das Lebensgefühl von heute aus. Sie sei kultig. Jeder zweite auf der Straße trage sie. Sie sitze richtig gut am Körper und betone die Figur.

Einige Befragte behaupten, Computer seien aus unserem Leben nicht mehr wegzudenken. Einige Leute würden Computer zwar für idiotische Kisten halten, die man nur zum Spielen benutze, aber das sei Blödsinn. Computer würden unser Leben bestimmen, egal ob in der Freizeit oder im Job.

82 Indirekte Rede

Fernbedienung – Fluch oder Segen?

töte, gebe, sei, laufe, sage, sei, komme, müssten, könne, sei, würden, würden wegzappen, gebe, sei, hätten, laufe, werde, würde darstellen, hätten, würden sich sehnen, gebe

83 Indirekte Rede

Kleidung und Karriere

Die Zeitung schreibt, Kleider machten Karriere (würden ... machen). Man behauptet, für Männer sei (wäre) fast alles geregelt, Frauen hätten mehr Freiheit. So gebe es eine ganze Reihe Jobs, bei denen die Herren in Anzug und Krawatte erscheinen müssten. Wer kein Risiko eingehen wolle, der greife zum Business-Anzug im klassischen Stil. Die Krawatte sei (wäre) ein Muss. Aber laut Meinungsumfragen dürfe die Krawatte in vielen Jobs weggelassen werden. Für die Dame gebe es weniger feste Regeln. Ob sie im Business-Kostüm ins Büro kommen müsse, hänge vom Arbeitsplatz ab. Laut einem Bericht seien (wären) zu tiefe Ausschnitte, zu kurze Röcke und bauchfreie Tops generell tabu. Die Kleidung müsse zum Menschen und zur Situation passen.

Zu einem Vorstellungsgespräch in einer konservativen Branche erscheine der Mann immer im Anzug. Viele Befragte haben ausgesagt, das Wetter diktiere nur bedingt das Outfit. Zumindest im Büro würden Herren nämlich nie kurze Hose tragen. Das sei (wäre) auch bei 40 Grad tabu.

Die Presse behauptet, Jeans seien (wären) immer noch Thema. Selbst Anzug-Träger hätten den Kampf gegen die Jeans aufgegeben. Man werde sie immer tragen.

Den Meinungsumfragen zufolge sei (wäre) die Kleiderwahl bei Abendveranstaltungen nicht einfach. Der Mann solle zwischen Smoking, Frack, Dinnerjacket und dunklem Anzug wählen.

Die Dame habe die Qual der Wahl. Sie könne zwischen kurzem und langem Abendkleid, festlichem Hosenanzug oder, in Bayern, dem edlen Dirndl wählen.

84 Indirekte Rede

Lachen soll gesund sein

Die Wissenschaftler der Abteilung für Psychologie an der Universität Münster weisen darauf hin, dass Lachen das Immunsystem stärke und das Glückszentrum im Gehirn stimuliere. Das Tolle am Lachen und an der Freude sei, dass diese Ausdrucksformen etwas Elementares, typisch Menschliches seien. Schon die ersten menschlichen Vorfahren in Afrika hätten gelacht. Die Fähigkeit zu lachen sei eine Art Medizin, die uns zu nahezu jeder Zeit kostenlos zur Verfügung stehe. Die Wissenschaftler behaupten, Lachen könne uns gesund erhalten oder zu unserer Gesundung beitragen. Beim Lachen würden in unserem Gesicht 18 Muskeln in Bewegung gesetzt. Das Zwerchfell würde in Bewegung gesetzt und massiere Leber, Galle, Milz und Magen. Das fördere die Verdauung. Der Meinung der Mediziner zufolge beschleunige Lachen den Puls und kurble den Kreislauf an, die Haut würde besser durchblutet. Das Lachen könne sogar Kopf-, Zahn- und Muskelschmerzen lindern. Lachen baue Ärger und Angst ab und helle unsere Stimmung auf. Lachen stärke unsere Abwehrkräfte. Zahlreiche Studien hätten bewiesen, Lachen sei kostenloses Anti-Aging. Lachen und Heiterkeit würden das Gesicht jung halten, die Haut würde gestrafft und mit Sauerstoff versorgt. Eine Minute Lachen wirke so erfrischend wie 45 Minuten Entspannungstraining. Es lohne sich also zu lachen.

85 Indirekte Rede

Schokolade auf Rezept

Gleichzeitig würden die Inhaltsstoffe auf Umwegen im Körper so wirken, dass der Glücksbotenstoff Serotonin entstehe.
Es wird behauptet, Serotonin sorge dafür, dass uns Alltagsärger und Stress nicht die Laune verderben. Es wirke wie eine rosarote Brille für die Seele und helle unsere Stimmung auf. Unser Körper stelle diese „Drogen" selber her. Aber ihre Produktion könne durch Eiweiß, Kohlenhydrate, Fett und Koffein „gepuscht" werden. Spezielle Botenstoffe würden zusätzlich die Serotoninbildung steigern. Das Fett der Kakaobutter verstärke die Wirkung des Zuckers. Der Meinung der Wissenschaftler zufolge sei zu viel ungesund. Drei, vier Stück Schokolade würden den Menschen ruhiger und im Allgemeinen auch glücklicher machen. Wer sich aber seine gute Laune mit fetthaltigen Leckereien anfuttere, riskiere Übergewicht und damit mehr Frust als Freude. Man fühle sich schlecht dabei und könne die Süße nicht mehr genießen.
Die Forscher haben auch noch entdeckt, es gebe einen direkten Zusammenhang zwischen Gerüchen, dem Immunsystem und der Stimmungslage. So bewirke bereits der Duft von Schokolade, dass im Körper signifikant mehr Abwehrstoffe gegen Krankheiten gebildet würden. Sie sollten sich also Zeit nehmen und zumindest ab und zu an Schokolade riechen.

86 Indirekte Rede

Große Freiheit oder Hotel Mama?

Einer Meinungsumfrage zufolge würden ... Prozent der Jugendlichen das Elternhaus gern verlassen, denn dann hätten sie keinen Ärger mehr mit den Eltern und keine nervigen Geschwister, mit denen man sich rumschlagen müsse; denn dann könnten sie selbst über ihr Leben bestimmen; denn nach dem Auszug könne sich ihr Verhältnis zu den Eltern verbessern; denn dann hätten sie ihre Intimsphäre; denn dann wären ihre Ausbildungsmöglichkeiten nicht einschränkt; denn dann wären sie keine Belastung für die Eltern.
Einer Meinungsumfrage zufolge würden ... Prozent der Jugendlichen gern im Elternhaus bleiben, denn dann würden sie sich jede Menge Kosten und Arbeit sparen; sie würden sich nicht selbst um alles kümmern und schätzten (würden ... schätzen) einen vollen Kühlschrank, frische Wäsche und ein geputztes Bad im Hotel „Mama"; denn dann könnten sie das Leben genießen; denn dann würden sie ihr Geld für Freizeit, Auto und Urlaub ausgeben und nicht für Wohnen und Essen; denn sie würden das Ausziehen aus dem Elternhaus als psychologische Herausforderung empfinden, der sie nicht gewachsen wären.

87 Indirekte Rede

Typisch Frau? – Typisch Vorurteil!

Die Telekom gibt an, das stimme/würde stimmen. Frauen würden länger in der Leitung hängen. Eine psychologische Studie hat ergeben, das sei richtig. Frauen würden leichter weinen, das liege an dem Hormon Prolaktin, es sei im Körper der Frau um 60 Prozent mehr vorhanden als beim Mann. Der Mediziner Dr. Arthur Güthner aus Tübingen berichtet, diese Behauptung stimme/würde stimmen. Bei Frauen gehe der Alkohol ungefiltert ins Blut, bei Männern sorge ein Enzym schon im Magen für den Abbau des Alkohols. Das Bundesamt für Statistik teilt mit, das sei/wäre ein Irrtum. 71 Prozent aller Autounfälle mit Verletzten würden auf das Konto der Männer gehen, Frauen würden nicht schlechter, sie würden nur anders fahren. Sie würden defensiver fahren.

88 Modalverben: subjektive Bedeutung

Musikalität – angeboren oder erlernt?

Kinder, deren Eltern sich für Musik interessieren, haben vermutlich/wohl/wahrscheinlich öfter musikalische Fähigkeiten. Vererbung ist mit Sicherheit/bestimmt/zweifellos wichtig, aber nicht allein entscheidend. Gute Gene ergeben nicht immer / mit Sicherheit ein Genie. Selbst das größte Talent ist vermutlich/wohl/ wahrscheinlich nutzlos, wenn man nicht regelmäßig übt. Ohne eine angemessene Umgebung, ohne Förderung kommt eine vorhandene musikalische Begabung möglicherweise/vielleicht nicht zum Vorschein. Auch der Zufall spielt vermutlich/wohl/ wahrscheinlich eine wichtige Rolle. Bei der Musikalität sind vermutlich/wohl/ wahrscheinlich körperliche, geistige und seelische Fähigkeiten beteiligt. Auch ein gutes Gedächtnis für Melodien und Rhythmen ist möglicherweise/vielleicht von enormer Bedeutung. Ich vermute/nehme an, dass Unmusikalität viele Gründe hat: der falsche Lehrer, der falsche Zeitpunkt, das falsche Instrument. Ein Geheimrezept für Musikalität gibt es vermutlich/wohl/wahrscheinlich nicht. Es ist denkbar/Ich halte es für möglich, dass auch völlig „Unmusikalische" Spaß an der Musik haben. Und das ist vermutlich/wohl/ wahrscheinlich das Wichtigste.

89 Modalverben: subjektive Bedeutung

Klatsch und Tratsch

Eigentlich müssten alle lästern. Männer dürften genauso viel tratschen wie Frauen. Jugendliche dürften nicht weniger lästern als Erwachsene. Auch Akademiker dürften genauso oft über ihre Kollegen herziehen wie Bauarbeiter oder Köche. Aber zum Lästerobjekt dürfte niemand gern werden wollen. Beim Lästern könnte man viel über sich selbst erfahren. Die schönsten Plätze zum Lästern müssen Straßencafés und Partys bei Freunden sein. Aber auch im Büro dürfte viel gelästert werden. Lästerstoff am Arbeitsplatz dürfte es in Hülle und Fülle geben. Die Geschichten müssten nicht unbedingt brandneu sein. Aber als Abwechslung zum anstrengenden Arbeitstag dürften sie tauglich sein.

90 Modalverben: subjektive Bedeutung

Heute schon ein UFO gesehen?

Menschen sollen schon vor tausend Jahren unbekannte Flugobjekte am Himmel gesehen haben. Viele Menschen wollen UFOs beobachtet haben. Einige Flugobjekte sollen sogar auf der Erde gelandet sein und Leute sollen ein- und ausgestiegen sein. Achtzehn Polizeibeamte aus Belgien wollen in der Nacht vom 30. auf den 31. März leuchtende Dreiecke gesehen haben. Menschen aus Kalifornien wollen Anfang Mai blitzende Streifen aus grünem und orangefarbenem Licht gesehen haben. Hunderte von Menschen und mehrere Piloten aus Italien wollen über Rom ein nicht identifizierbares Flugobjekt gesehen haben. Piloten und Fluglotsen aus St. Petersburg wollen einen blaugrünen Ball beobachtet haben. Das soll ein Meteor gewesen sein.